…ARISIENS"

"mes Parisiens"

PAR ROBERT DOISNEAU

NATHAN

COLLECTION PHOTO POCHE

La collection Photo Poche a été publiée
de 1982 à 1996 par le Centre National de la Photographie
avec le concours du Ministère de la Culture.
Robert Delpire qui l'a créée en assure la direction.

Légende de la couverture :
Rue Pixérécourt, 1974

ISBN : 2-09-754 268-9

Deuxième édition réalisée avec la collaboration de Ideodis Creation,
achevée d'imprimer en mai 2001 sur les presses de Mame à Tours.

LES PARISIENS ET MOI
par Robert Doisneau

En vérité, laisser aux générations futures un témoignage sur Paris pendant l'époque où j'ai tenté de vivre, je peux bien l'avouer aujourd'hui, n'a été que le cadet de mes soucis.
Si je m'étais imposé une telle mission, systématiquement, j'aurais accumulé des millions d'images, mais en échange de combien de journées sans plaisir.
Mais non, il n'y avait aucune préméditation dans ma conduite.
La lumière du matin me mettait en route, ce n'était pas raisonné.
Etait-ce bien raisonnable d'être amoureux de ce que je voyais ?
Je ne me suis jamais posé cette question ; je ne le regrette pas, car celui qui démonte son réveil matin ne peut plus avoir l'heure.
J'ai tant marché sur le pavé puis l'asphalte de Paris, sillonnant la ville dans tous les sens pendant un demi-siècle. Exercice qui ne demande pas de moyens physiques bien exceptionnels. Paris, ce n'est pas Los Angeles, Dieu merci, et la condition du piéton n'est pas ici un signe d'indigence.
Dans la course du temps, les quelques images qui surnagent aujourd'hui et viennent se grouper comme des bouchons dans un remous de rivière ont été faites pendant les heures volées à mes différents employeurs.
Désobéir me paraît une fonction vitale, et je dois dire que je ne m'en suis pas privé.
Alors que le délinquant vieillissant que je suis voit ces gens sérieux que sont les conservateurs et autres bibliothécaires faire grand cas de ces images glanées dans des conditions illégales, je sens monter en moi une délicieuse jubilation.

Au passage, un mot sur les conservateurs : ce sont des gens tout bons ou tout mauvais.
Quand ils sont bons, leur ingénuité est comme une invitation à la supercherie : ceci peut expliquer la présence de tant de faux dans les musées.
Personnellement, je pense qu'il est plus sportif de réserver ce traitement aux mauvais.
Ceux-là ont ramassé dans leur personne tout l'orgueil qu'étaient en droit de revendiquer les créateurs des œuvres d'art dont ils ne sont que les receleurs.
Ceci n'est pas un phénomène typiquement national, c'est également valable pour les pays étrangers. Constat qui ne mérite pas le déplacement, passons.
D'ailleurs les grands voyages m'ont toujours troublé. Je ne peux supporter les regards méprisants des indigènes. J'ai honte. A Paris c'est moi l'indigène fondu dans la masse. Je fais partie du décor : un français moyen, taille moyenne, signes particuliers : néant.
Ah oui ! l'appareil photo.
Il y en a tant, et puis je ne le promène pas de façon ostentatoire, autour du cou comme une étiquette.
Non, discret, effacé, je piétonne dans le troupeau.
Un jour cependant, j'ai voulu voir ma ville comme peuvent la voir les touristes organisés. Je suis donc monté dans un autocar, baleine sonorisée, bien décidé à me laisser refiler la verroterie clinquante qui convient aux gens pressés.
Dans le véhicule encore immobile, j'ai été informé que je vivais dans une ville dangereuse.
"Mesdames, Messieurs, pour des raisons de sécurité, nous vous prions, aux différentes étapes, de rester bien groupés. Dans le cas contraire, la Direction décline toute responsabilité".
Avertissement qui a eu pour effet par la suite, de confectionner de petits paquets tremblotants dans la nuit.
J'ai donc vu la guillotine dans une cave du Quartier Latin, puis les Apaches de la Bastille, la gigolette à la jupe fendue grimpée sur les genoux d'un membre du Conseil presbytéral d'une ville moyenne de l'Ohio.

A Montmartre j'ai vu tomber les soutiens-gorge des petites femmes de Paris et enfin, après les grandes filles emplumées des Champs-Elysées, je me suis retrouvé sur le trottoir, tout étourdi par l'organisation des loisirs dépouillés de ces préambules qui prennent beaucoup de temps.
Le lendemain de cette expédition, j'ai découvert le luxe rare de l'immobilité.
Dans une ville où tout est en mouvement, ce n'est pas si simple d'aller contre l'instinct grégaire.
Il faut oser se planter, être immobile non pas quelques minutes, non, carrément une heure ou deux.
Devenir statue, sans piédestal, c'est étrange alors comme on peut attirer les naufragés du mouvement.
– "Avez-vous un tire-bouchon ?"
– "Parlez-vous français ?"
– "N'avez-vous pas vu un petit chien blanc avec une laisse rouge ?"
Je réponds toujours avec une exquise politesse, bien qu'au fond cela me contrarie d'être dérangé car pour bien voir il faut un minimum de concentration.
Voir, c'est parfois se construire avec les moyens du bord un petit théâtre et attendre les acteurs.
Attendre qui ?
Je ne sais pas mais j'attends.
J'espère, et quand on y croit très fort, c'est bien le diable s'ils ne finissent pas par venir.
Ensuite, la mise en scène s'improvise dans le fugitif. Pour être lisible, une image doit prendre la forme d'un de ces signes utilisés depuis la nuit des temps par les prêtres et depuis peu par la signalisation routière.
Tout ceci vous paraît peut-être légèrement obscur.
C'est une manœuvre délibérée pour vous montrer combien la pratique de la photographie peut être délicate.
Après ce délire de confidences reprenons notre promenade.
Donc, je m'efforce de varier mes itinéraires, pour ne pas tomber dans le confort amollissant des habitudes.
Par expérience, je sais que du côté des faubourgs le spectacle est toujours généreux.

Dans des décors témoins de la peine des hommes et qui me paraissent chargés de noblesse, les gestes de la vie y sont accomplis simplement et les visages de ceux qui se lèvent tôt sont bien émouvants.
Quelle leçon d'énergie nous donnent ces jeunes femmes héroïquement maquillées à l'aube de chaque journée, et que l'on voit courir dans le métro.
Il y a de quoi fondre de tendresse.
Alors que je ressens bien peu de plaisir en parcourant les quartiers qui n'ont jamais connu les barricades.
La vie y est invisible, cachée comme pour quelques trafics secrets.
Enfermé dehors, je pense à l'ingénue baronne Haussmann qui minaudait : "Comme c'est étrange, à chaque fois que mon mari achète un immeuble, les démolisseurs arrivent !".
Aujourd'hui aussi on démolit beaucoup.
Je refuse de me lamenter sur les ruines. La beauté pour être émouvante doit être éphémère.
Le certificat d'authenticité est délivré par les bulldozers, voilà tout.
J'ai vu disparaître un à un mes points de repères confidentiels, le pavage en forme de cœur devant l'Institut, le crucifix devant les gazomètres rue de l'Evangile...
Ce qui me gêne le plus, c'est la confiscation de mes oasis.
Ainsi, après une matinée déambulatoire, j'aimais bien me reposer au bar des B.O.F.
Je pouvais voir la fontaine des Innocents se refléter dans mon verre de Bourgueil.
Le vin était mis en valeur par une tranche de Frontine affinée au Marc de Bourgogne par les bons soins de Jean Settour, le patron.
Les pigeons du square chipaient les miettes de pain sous la table.
Volatilisé le bar, disparu Jean Settour.
J'ajoute pour nourrir ma mélancolie que dans la cave creusée à l'emplacement du cimetière des Innocents, les bouteilles étaient calées avec des ossements oubliés lors du grand déménagement de 1787.

Je me souviens aussi que Jean était attentif aux quartiers de la lune pour la mise en bouteilles. La lune – fondu au noir – effet garanti – stop !
Souvent cette demande m'a été faite avec beaucoup de suavité, surtout par des dames :
"J'aimerais tant vous accompagner dans vos promenades, ce doit être terriblement excitant !"
Je me suis toujours dérobé.
Pourquoi ?
Mais parce que j'aurais honte de montrer mes hésitations, mes retours en arrière, et que je ne peux exposer une dame à un stationnement prolongé.
Le risque de confusion serait grand.
De plus, je serais un mauvais guide, ma provision d'anecdotes historiques étant par trop restreinte.
Pour cela il y a des guides bleus ou verts qui font beaucoup mieux l'affaire.
Mes pôles d'attraction ne sont bénéfiques que de façon strictement personnelle, à usage interne en somme.
Je veux dire qu'à tel endroit, il m'est arrivé en pleine figure une silhouette si harmonieusement équilibrée qu'elle a pris immédiatement valeur d'un totem éblouissant que depuis je cherche à retrouver, et qu'à cette autre place, un ami m'a fait ce signe de la main, le dernier, avant de disparaître au coin de la rue.
Vous voyez, cela ne représente aucun intérêt pour vous.
Ainsi la ville m'apparaît comme de plus en plus peuplée de fantômes.
"Commment dites-vous cela, il y en a toujours eu autant.
– Peut-être, mais les fantômes des autres me laissent indifférent".

R. D.
23 octobre 1984

Est-ce un instinctif réflexe de survie qui m'a poussé à faire tant d'images depuis plus d'un demi-siècle ?
Le désir de prendre possession des apparences fugitives peut-être, ou plus simplement une façon de marquer ma joie d'être au monde et d'y voir clair.
Loin du confort des studios j'ai préféré le contact rugueux de la rue.
Je dois avouer avoir trouvé dans ce spectacle grouillant de quoi satisfaire une sorte de vampirisme personnel.
Dans ce théâtre permanent, les propositions du hasard, en bousculant toutes les réminiscences picturales ou littéraires, viennent apporter une salutaire leçon d'humilité.
Pour ne pas me perdre dans ce foisonnement, je me suis inventé les règles d'un jeu où l'humour et la pudeur viennent me servir de limites.
Le résultat n'est absolument pas objectif. La principale vertu de ce faux témoignage est d'apporter quelque lumière sur le caractère du délinquant. Quant au reste il faudrait être bien savant pour expliquer comment la pesanteur d'un processus optique-mécanique-chimique peut laisser filtrer l'allégresse d'un moment privilégié.
Ceux à qui j'ai pu transmettre une émotion personnelle m'écrivent parfois du bout du monde.
Ces messages sont les plus précieuses récompenses que peut recevoir un homme à la fin de sa vie.
Alors finalement, peut-être ai-je fait toutes ces images avec le secret espoir de me découvrir de nouveaux amis ?

Robert Doisneau
22 juillet 1987

1. Le rideau de fer. Rue du Faubourg St Antoine, 1953.

2. Pages suivantes : Les amoureux aux oranges.
Rue Mazarine, 1950.

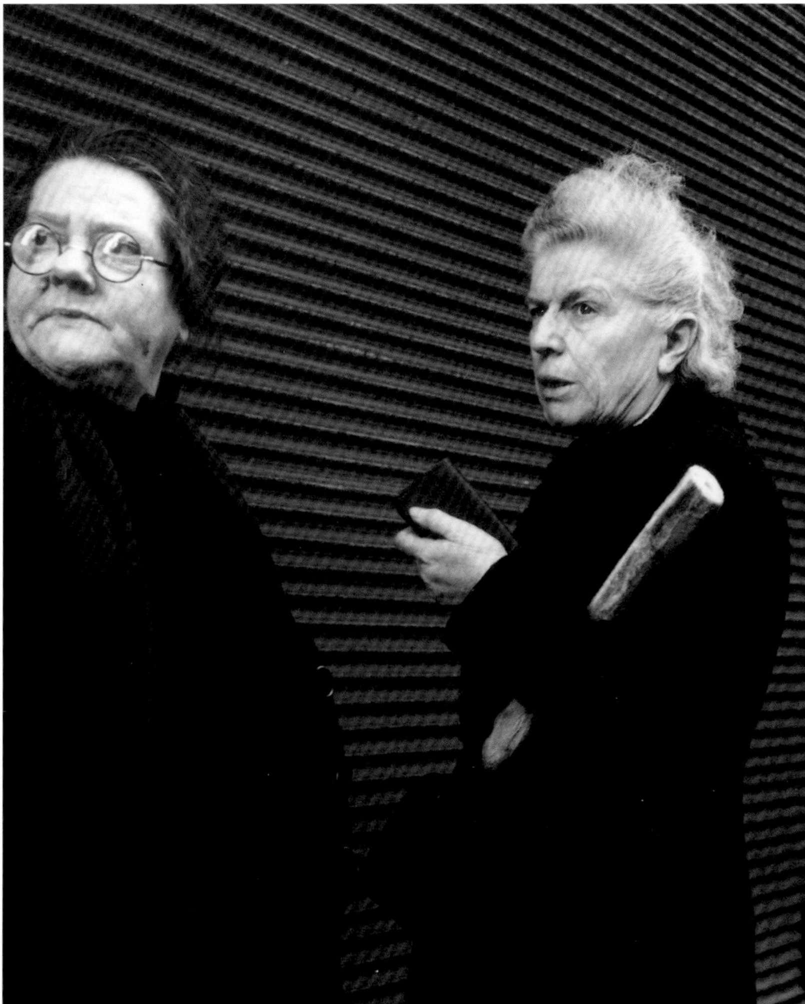

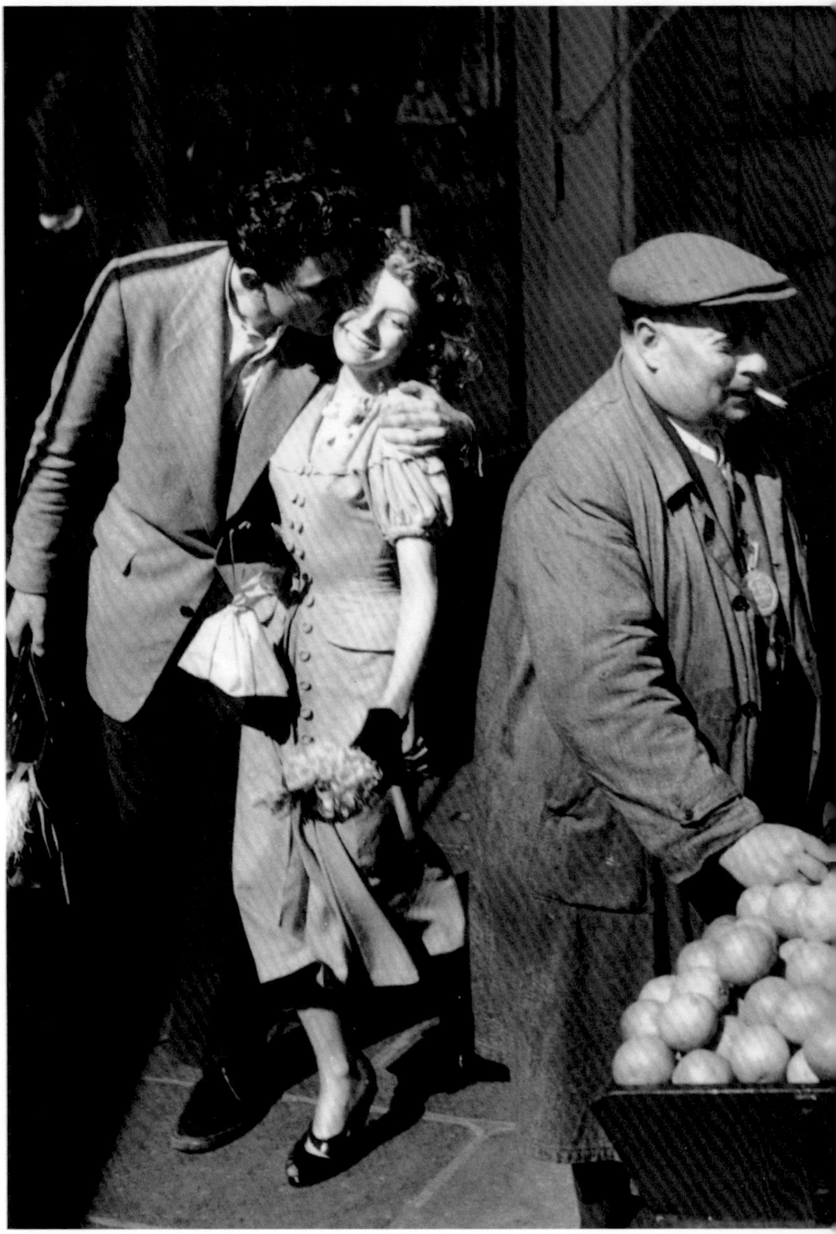

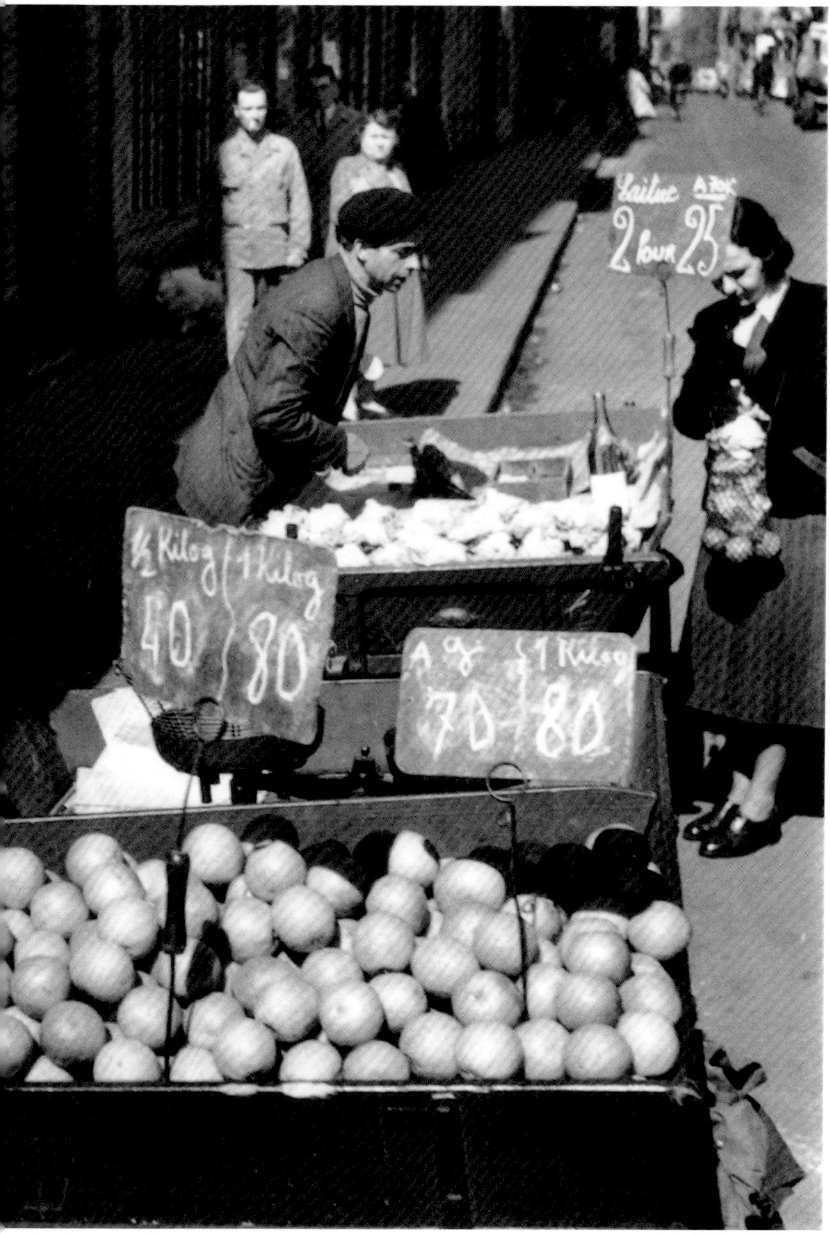
Laitue
2 pour 25
½ Kilog
1 Kilog
40
80
1 Kilog
70
80

3. Causette. Rue de Buci, 1953.

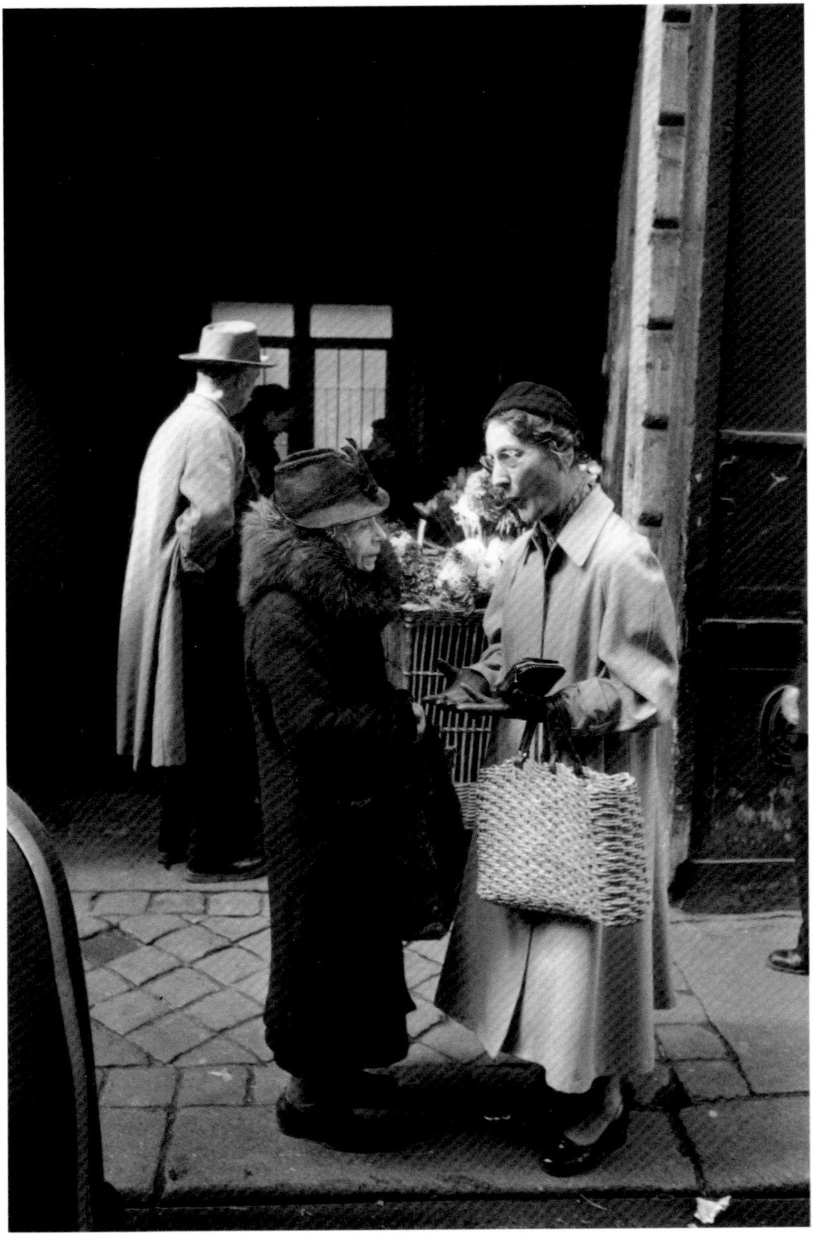

4. Averse pour deux, 1965.

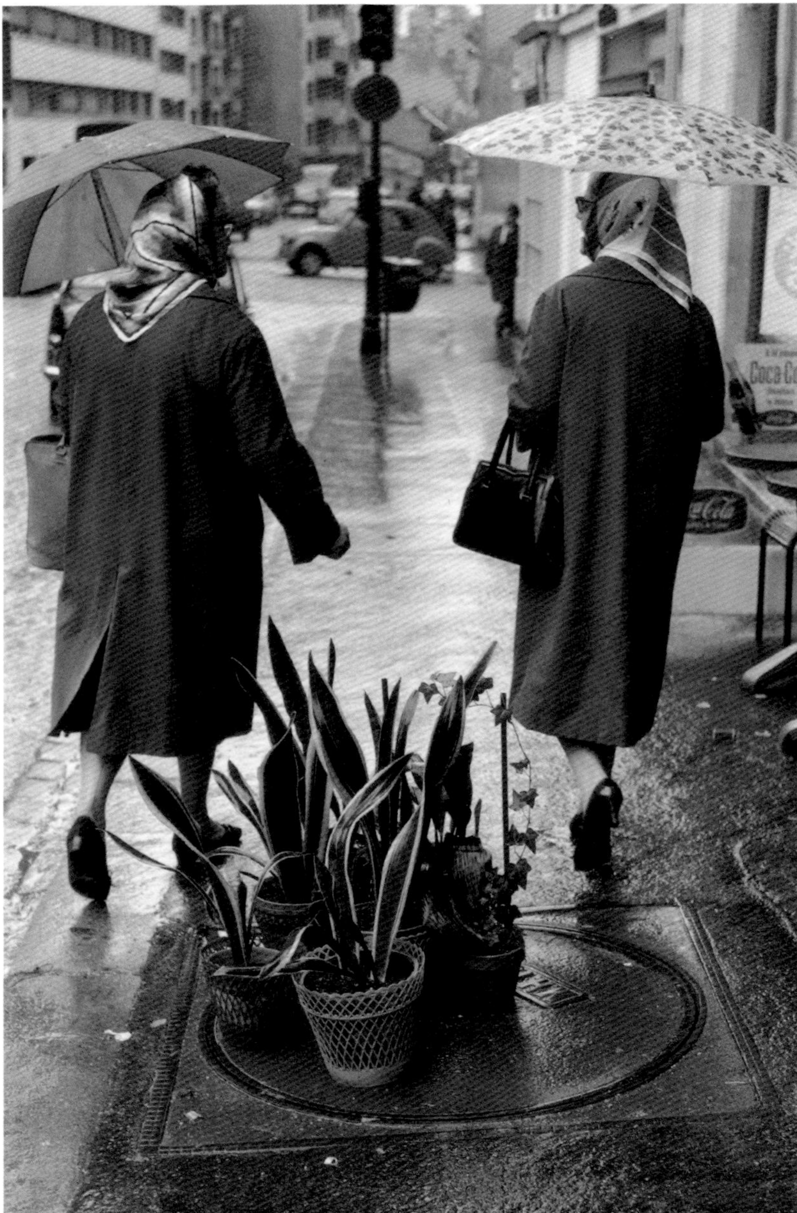
Coca Col

5. Pause repas, 1953.

6. Pages suivantes : Les coiffeuses au soleil. Rue Boulard, 1966

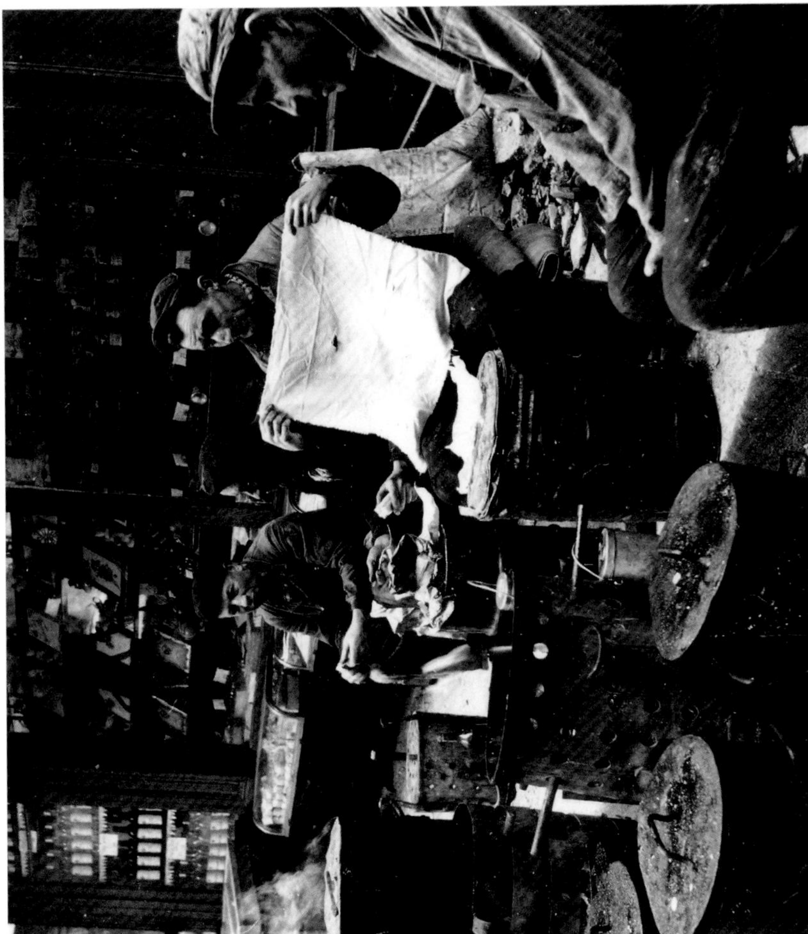

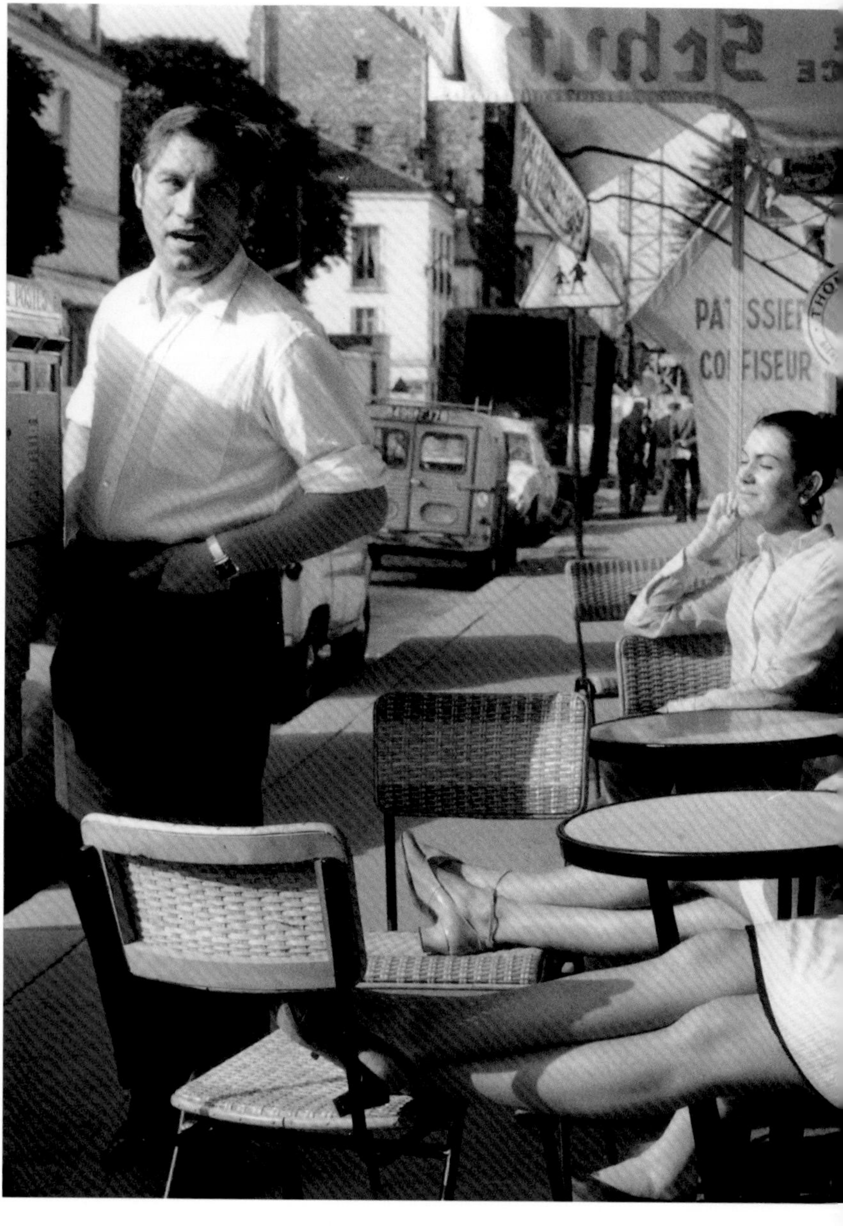

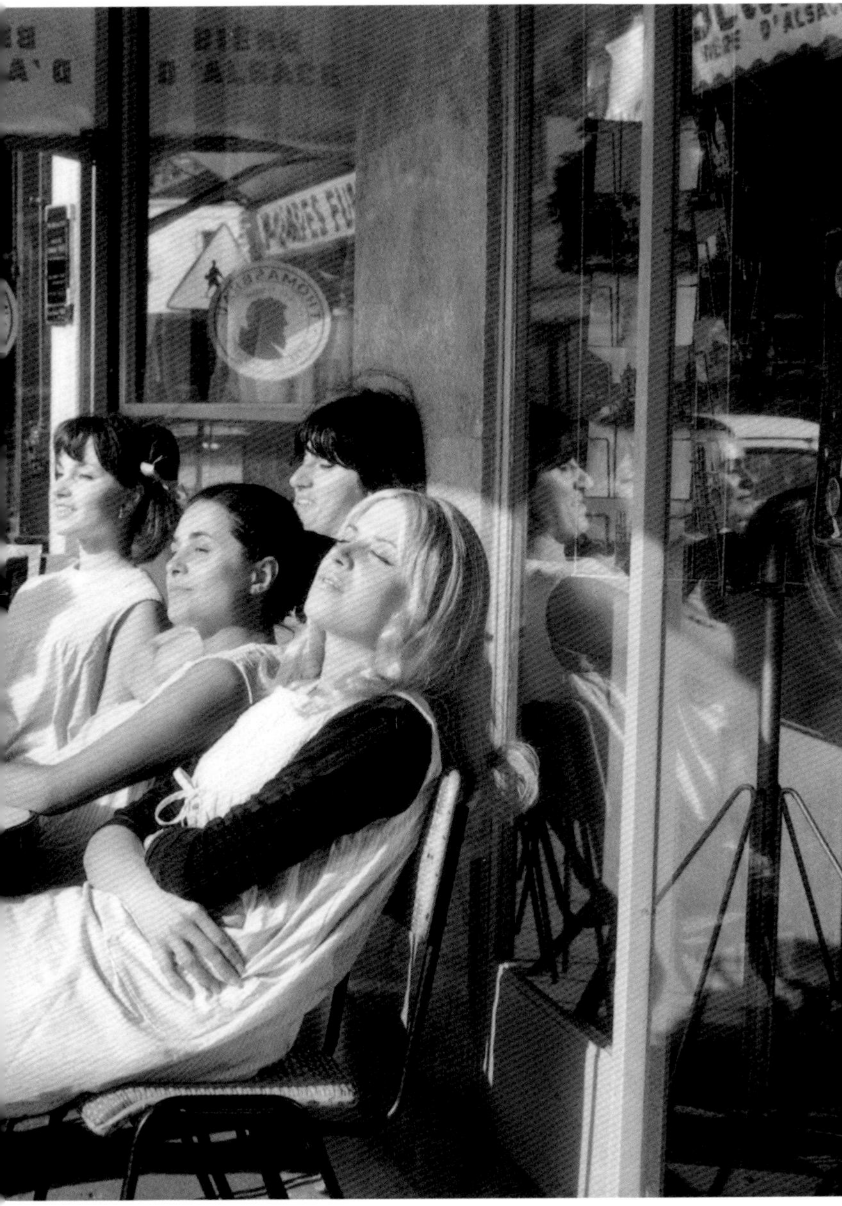

7. Le baigneur de l'avenue Ledru-Rollin, 1952.

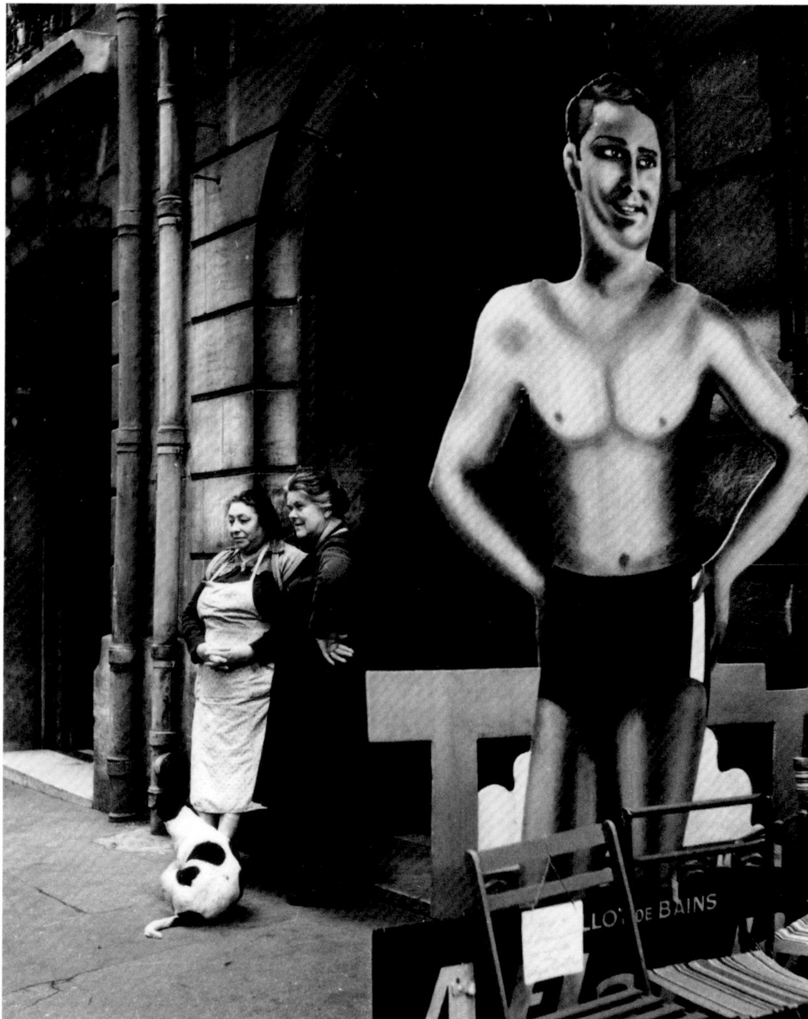
DE BAINS

8. Le petit planteur. Quai de la Mégisserie, 1946.

9. Pages suivantes : Perspectives. Rue la Croix-Nivert, 1971.

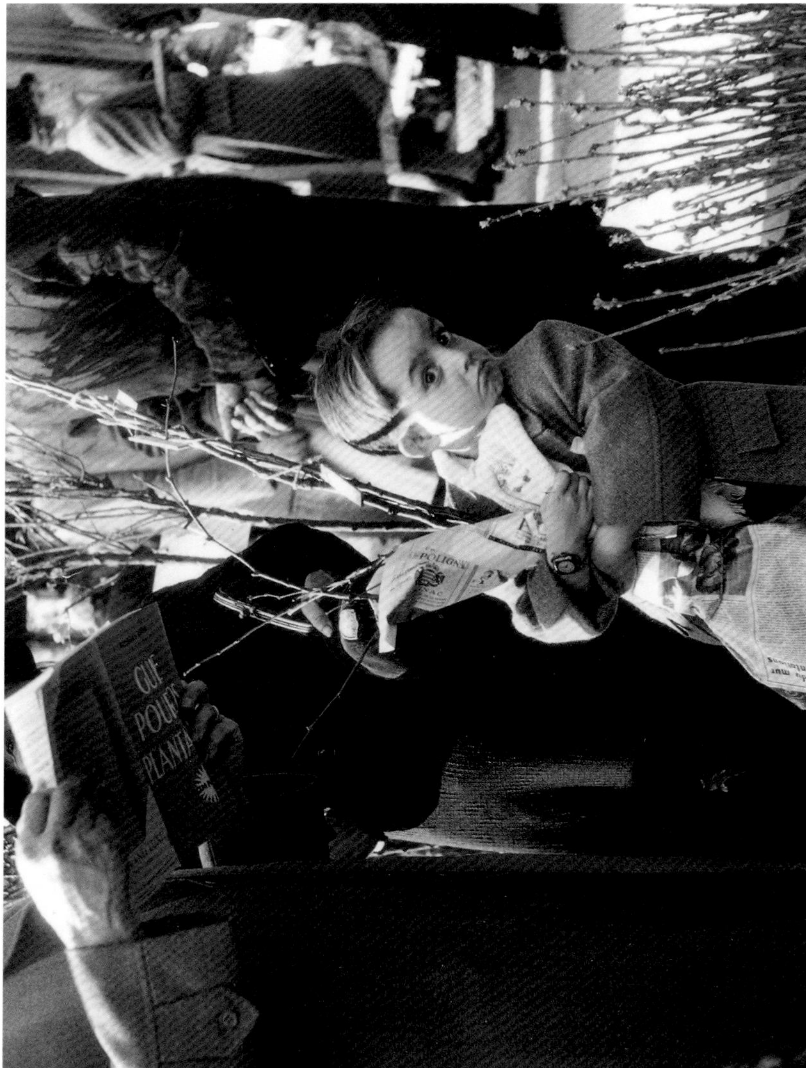

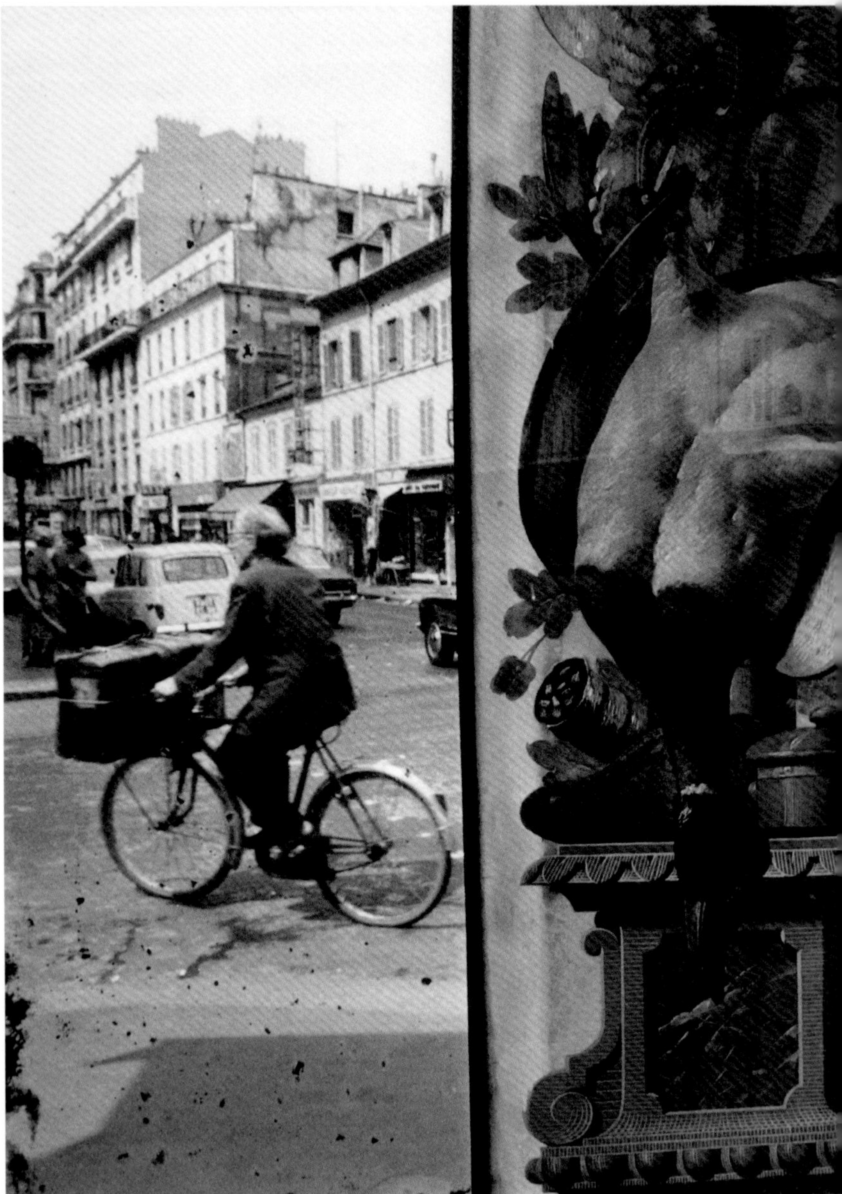

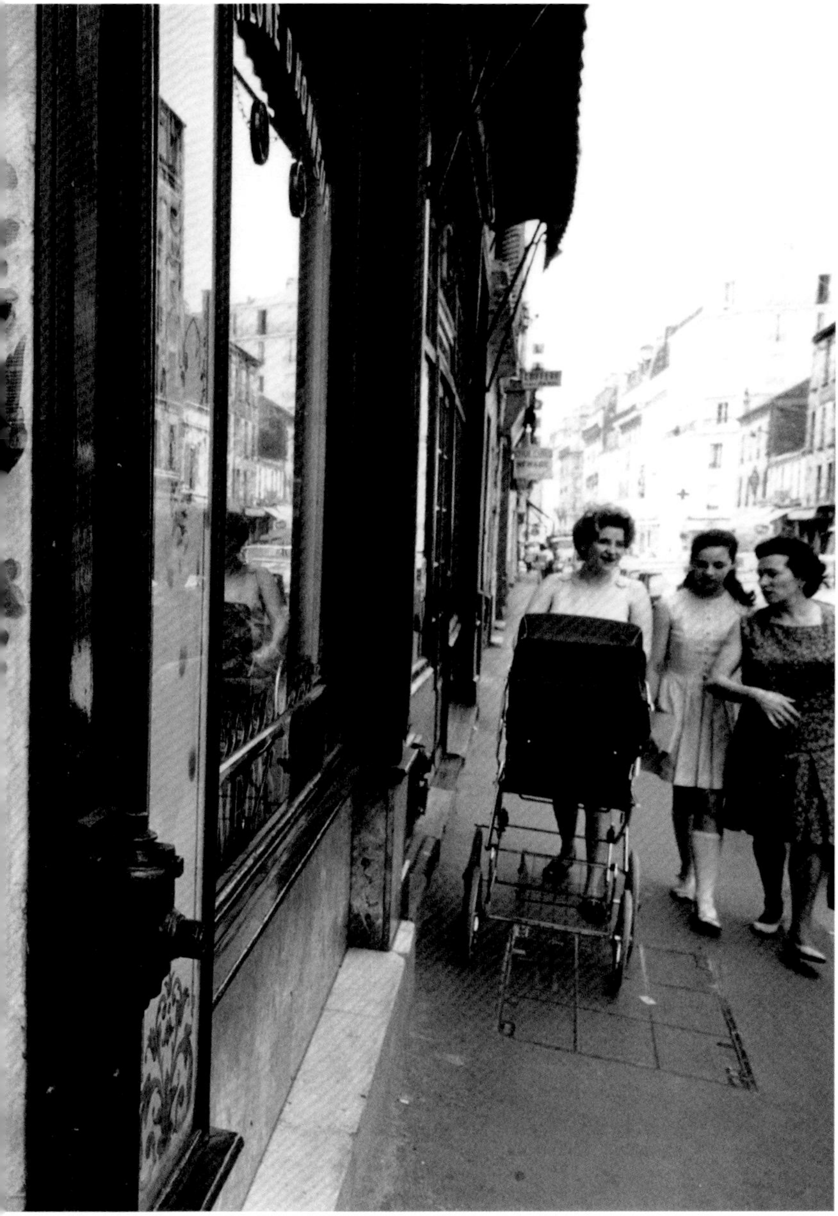

10. Métro les Halles, 1945.

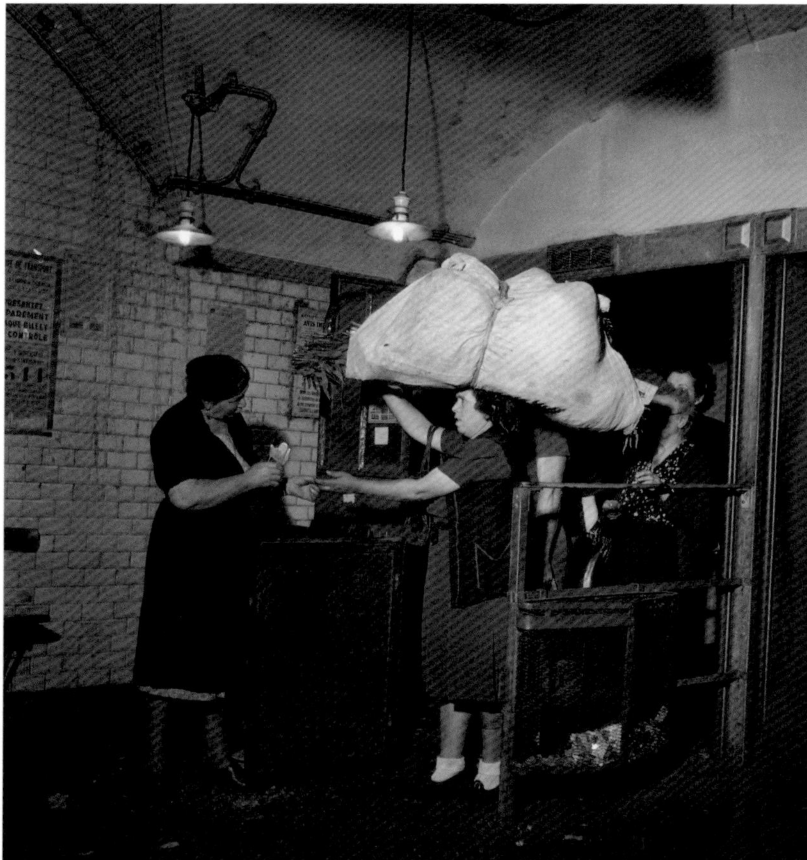
CONTRÔLE

11. Le muguet du métro, 1953.

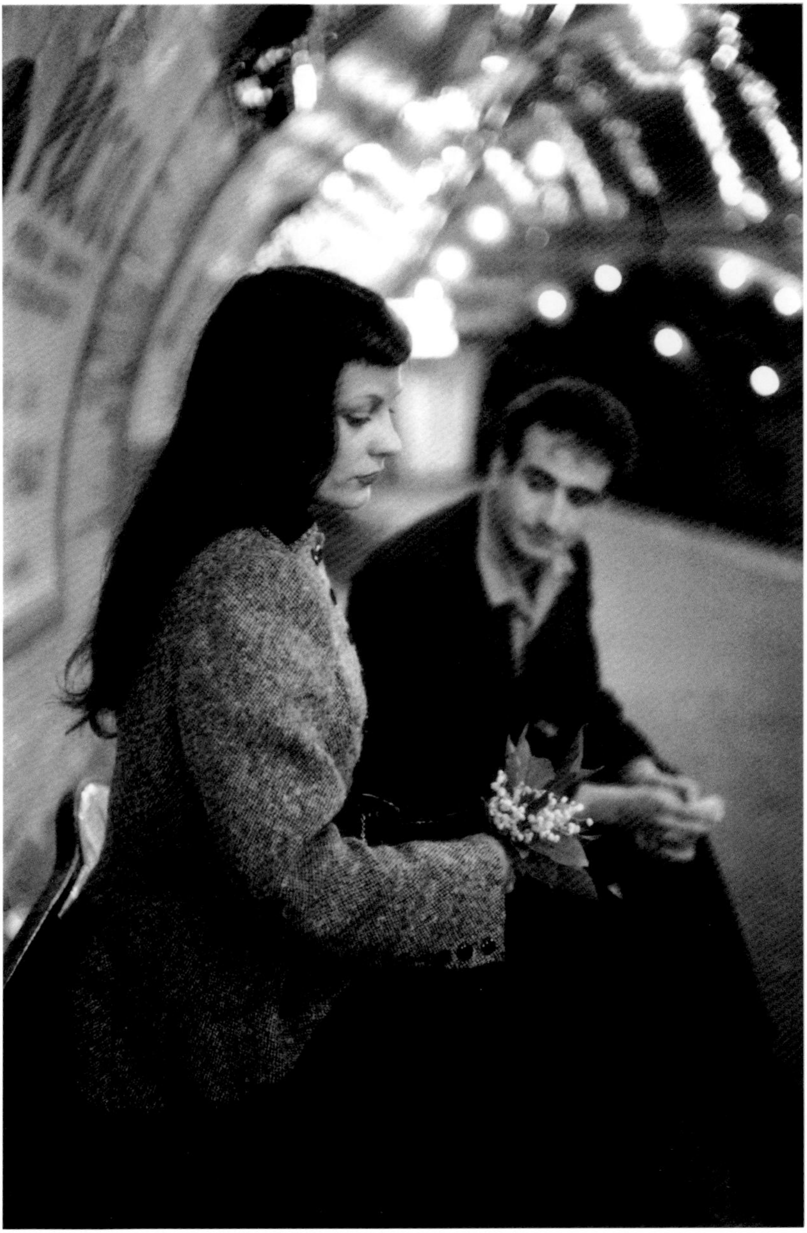

12. La baguette parisienne, 1953.

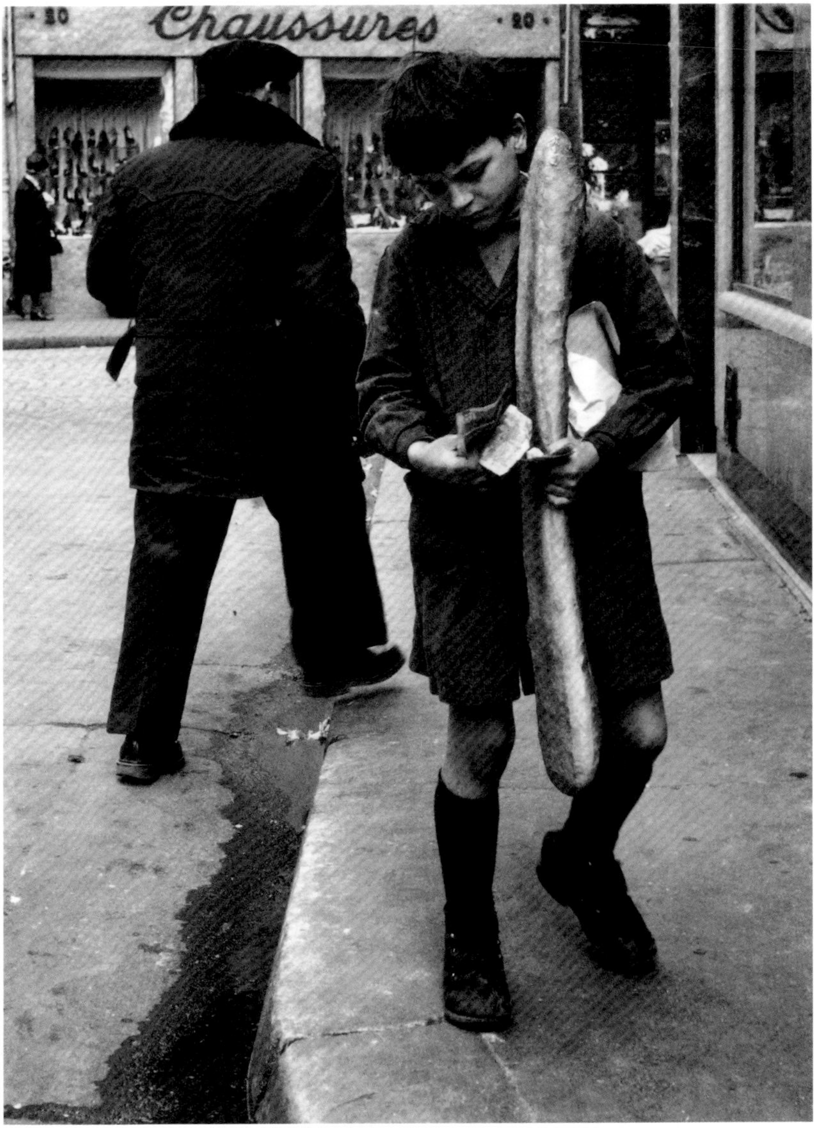
20
Chaussures
20

13. Le vin gai. Café "Les Chasseurs", 1950.

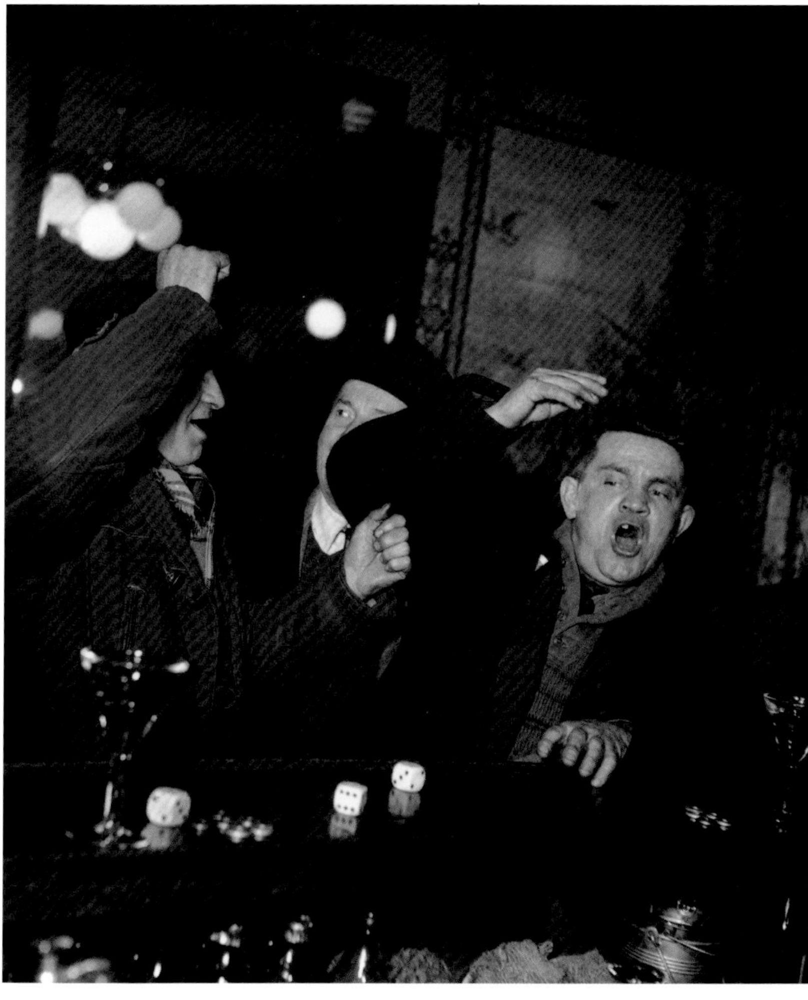

14. "Aux Quatre Sergents de la Rochelle", rue Clovis, 1950.

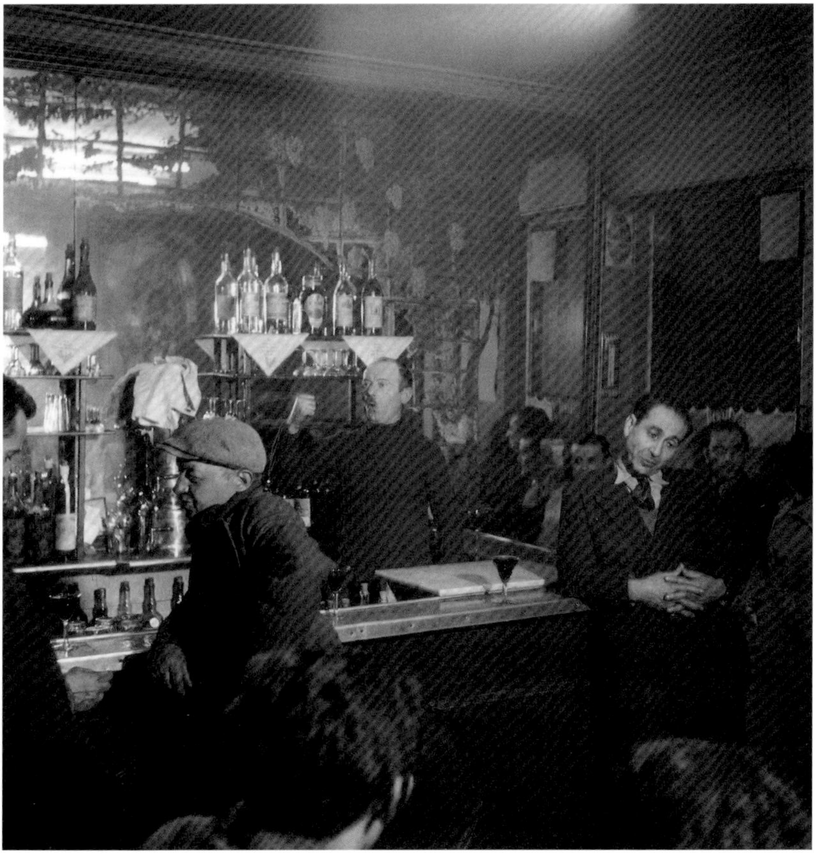

15. Monsieur et Madame Constant, bougnats rue de Seine, 1951.

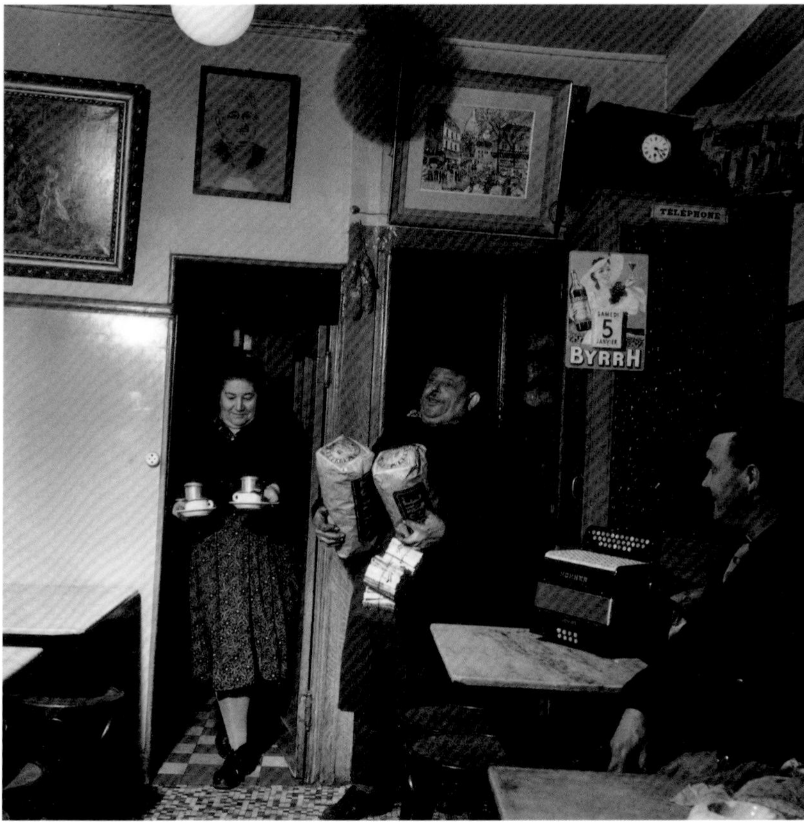
TÉLÉPHONE
SAMEDI
5
JANVIER
BYRRH

16. Livreur de sciure au comptoir du café Allain, rue de Seine, 1953.

17. Pages suivantes : Les bouchers mélomanes. Café "A la tartine", porte de la Villette, 1953.

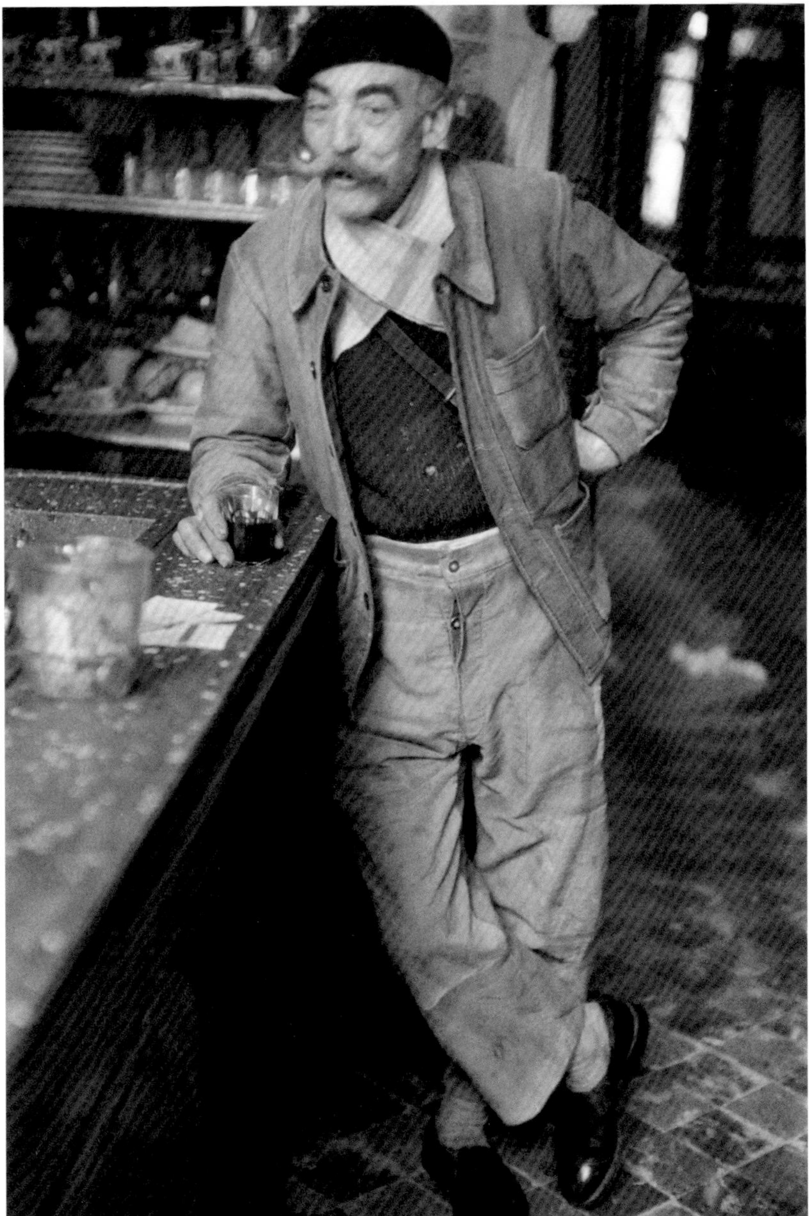

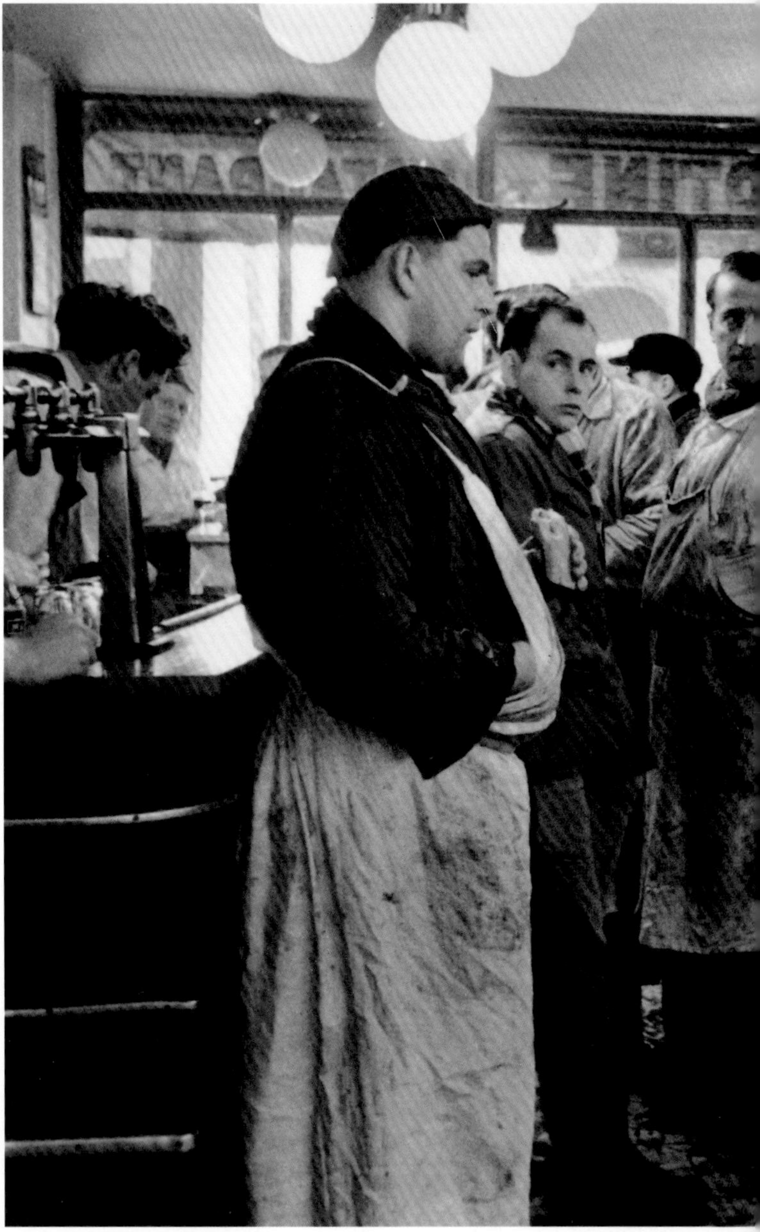

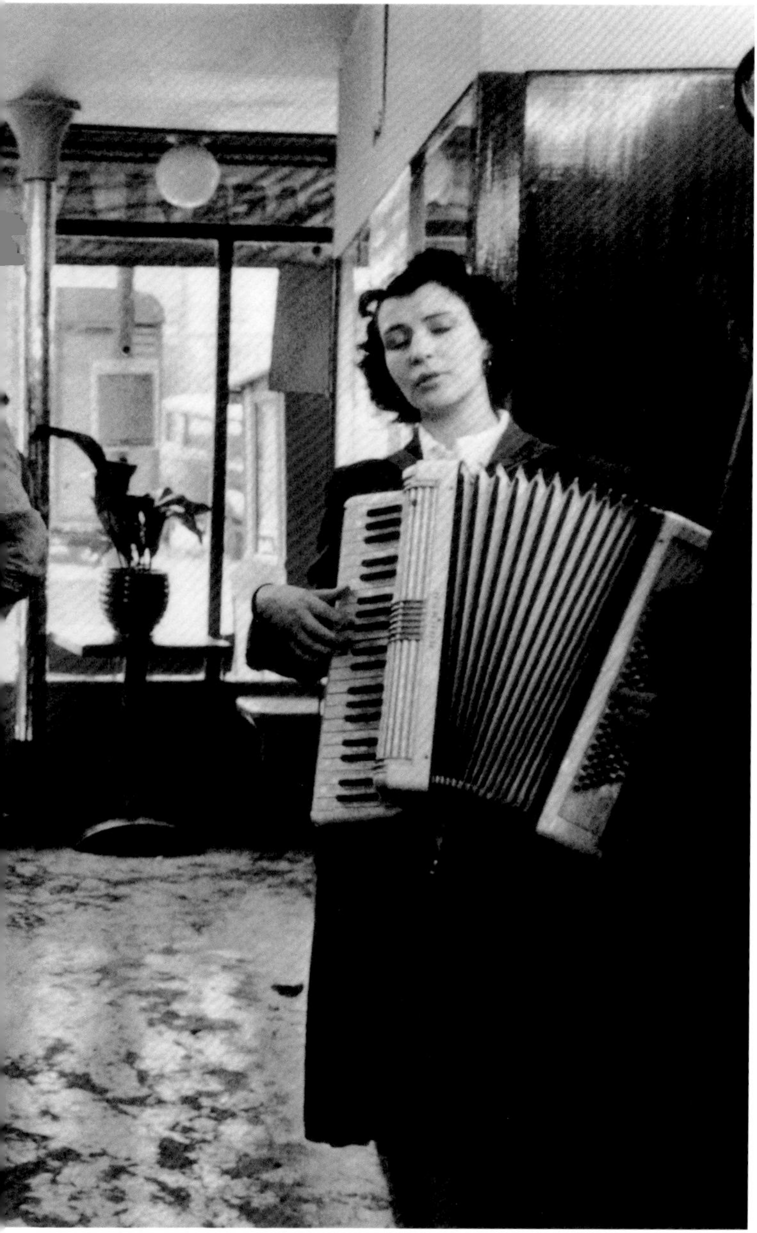

18. La cibiche. 1950.

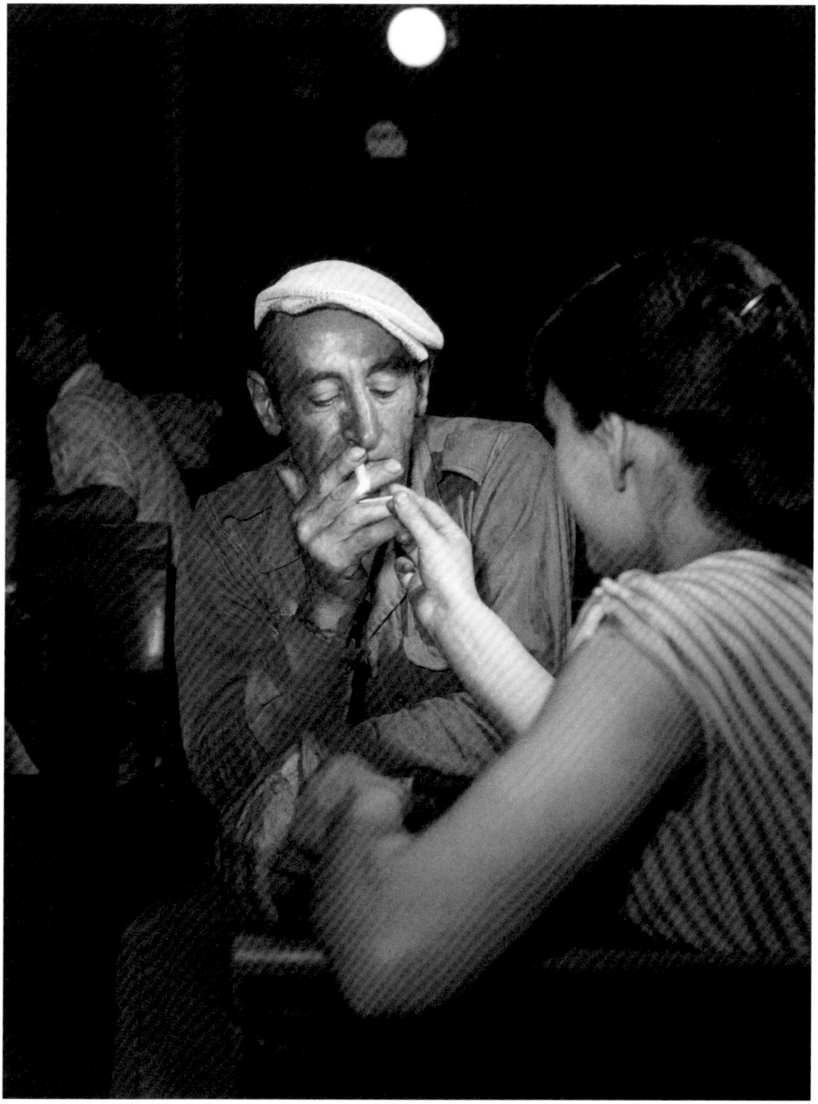

19. Pyramide maraîchère. Rue Lepic, 1964.

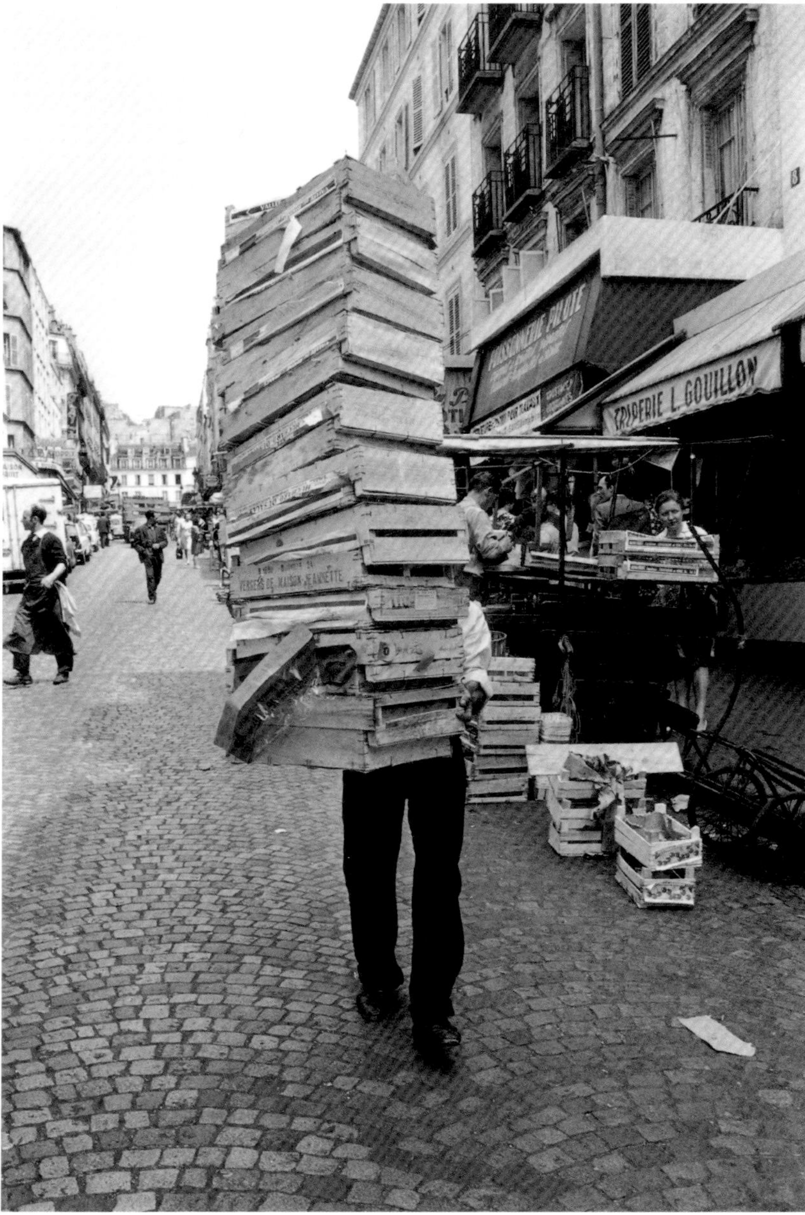
TRIPERIE L. GOUILLON
VERGERS DE MAISON-JEANNETTE

20. Les Halles, 1953.

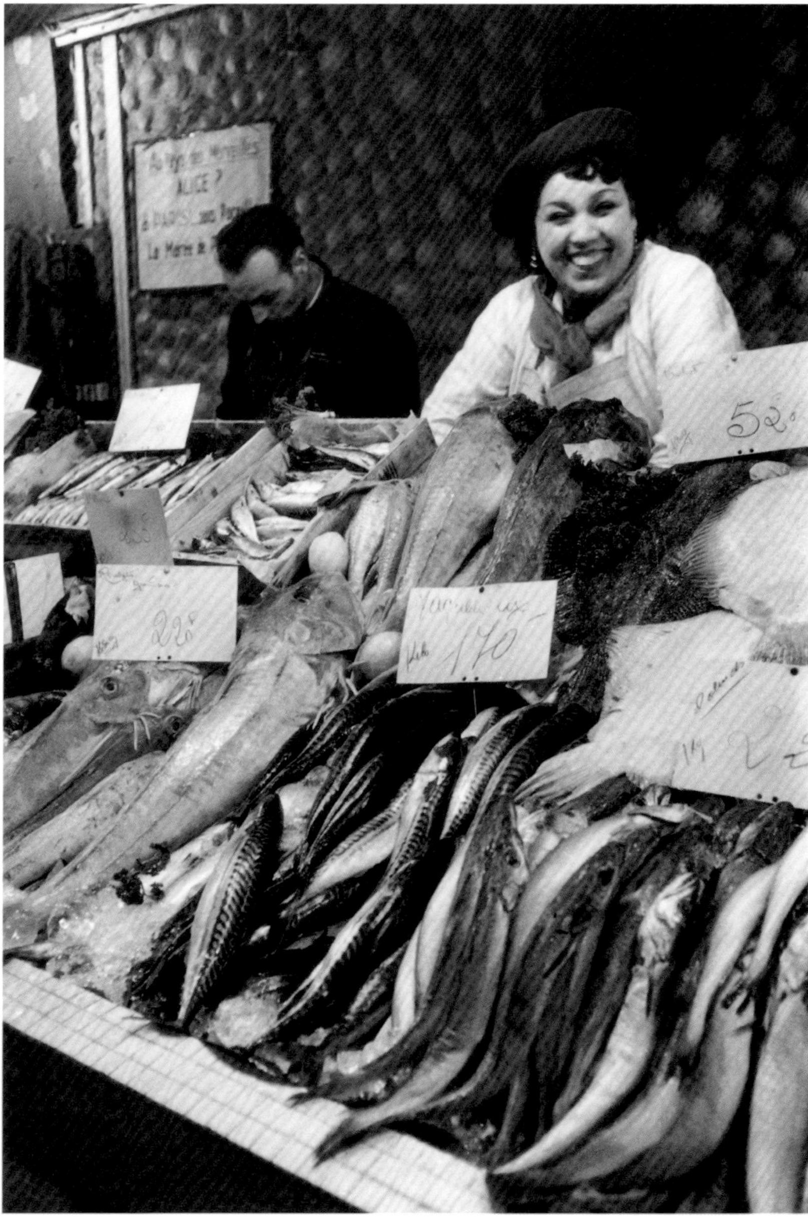
ALICE ?

21. Les Halles, 1953.

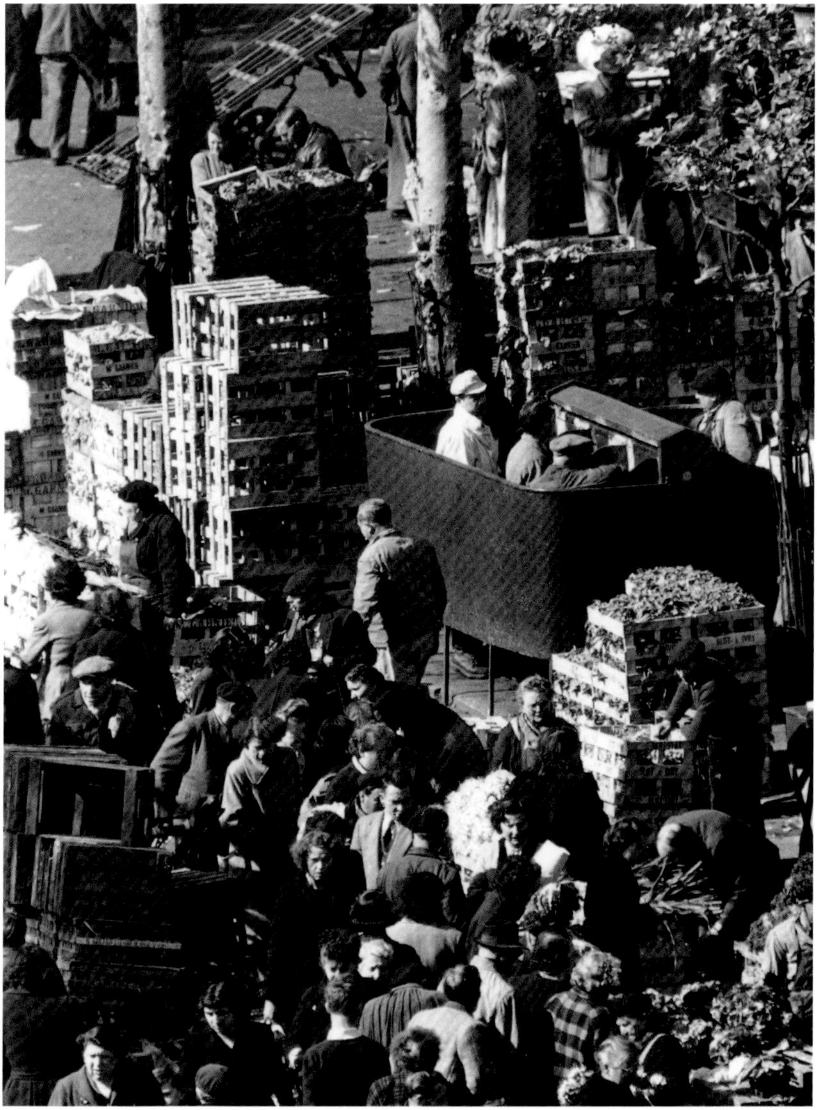

22. Melons à la criée. Rue Daguerre, 1988.

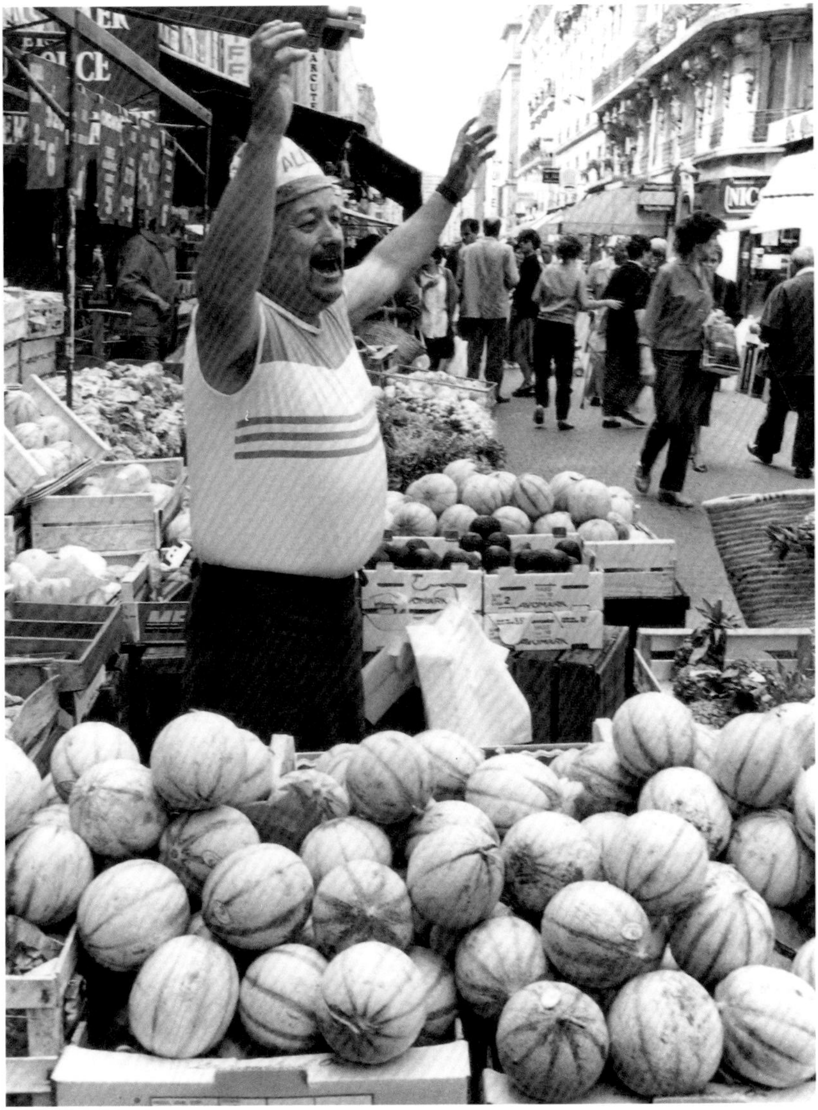

23. Mlle Huguette, reine du Nougat à la fête foraine du Lion de Belfort, 1953.

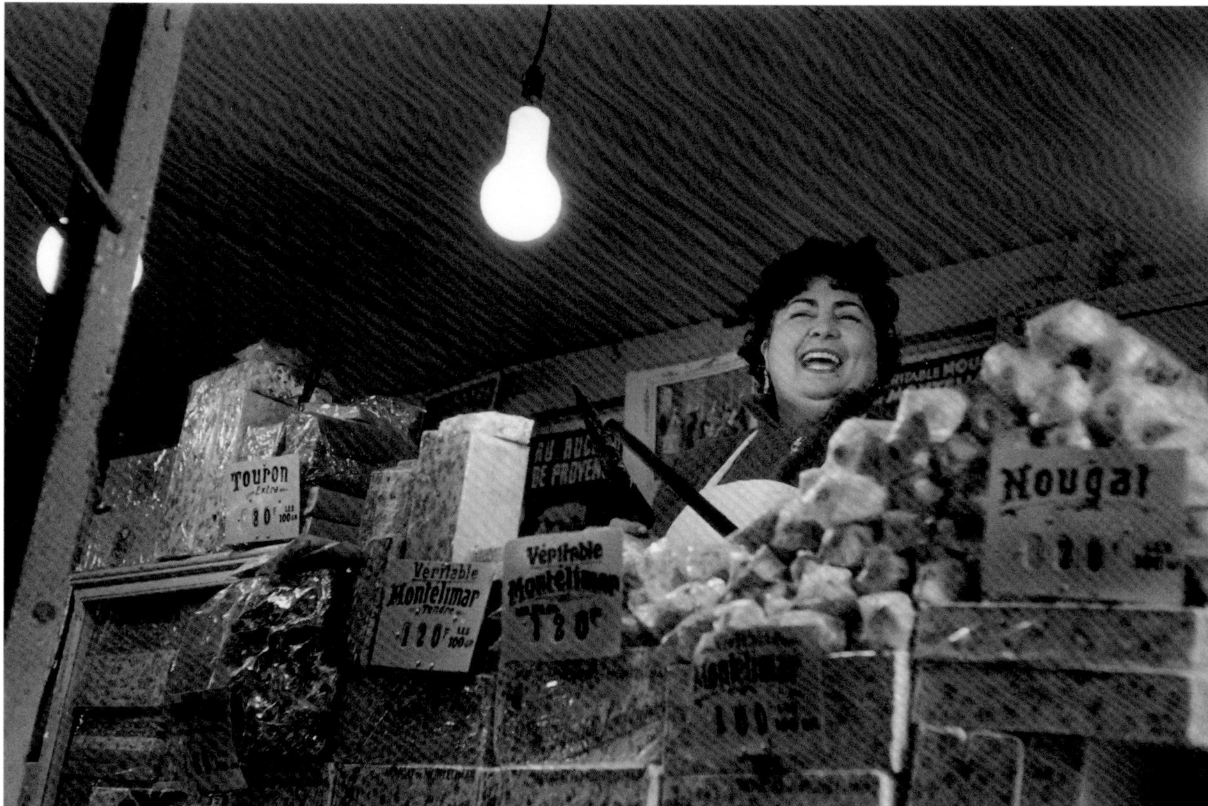
Touron
Extra
80F LES 100GR
Veritable
Montélimar
Tendre
120F LES 100GR
Véritable
Montélimar
120F
Nougat

24. Ateliers Pierre Imans, 1945.

25. Pages suivantes : "Le Petit Balcon", passage Thiéré, 1953.

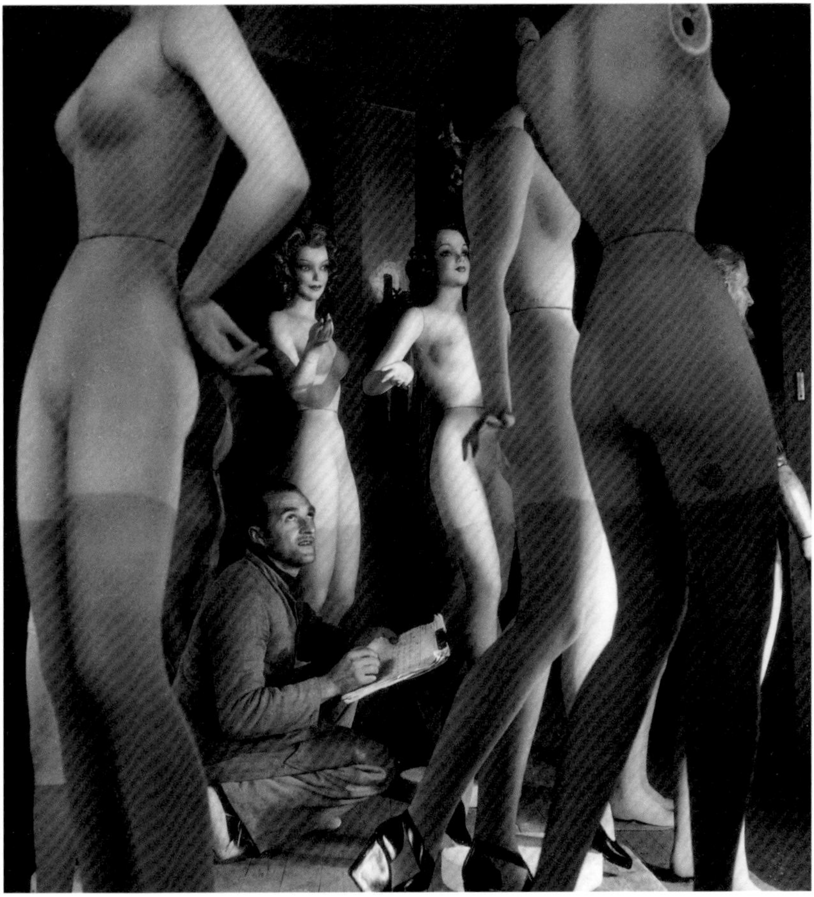

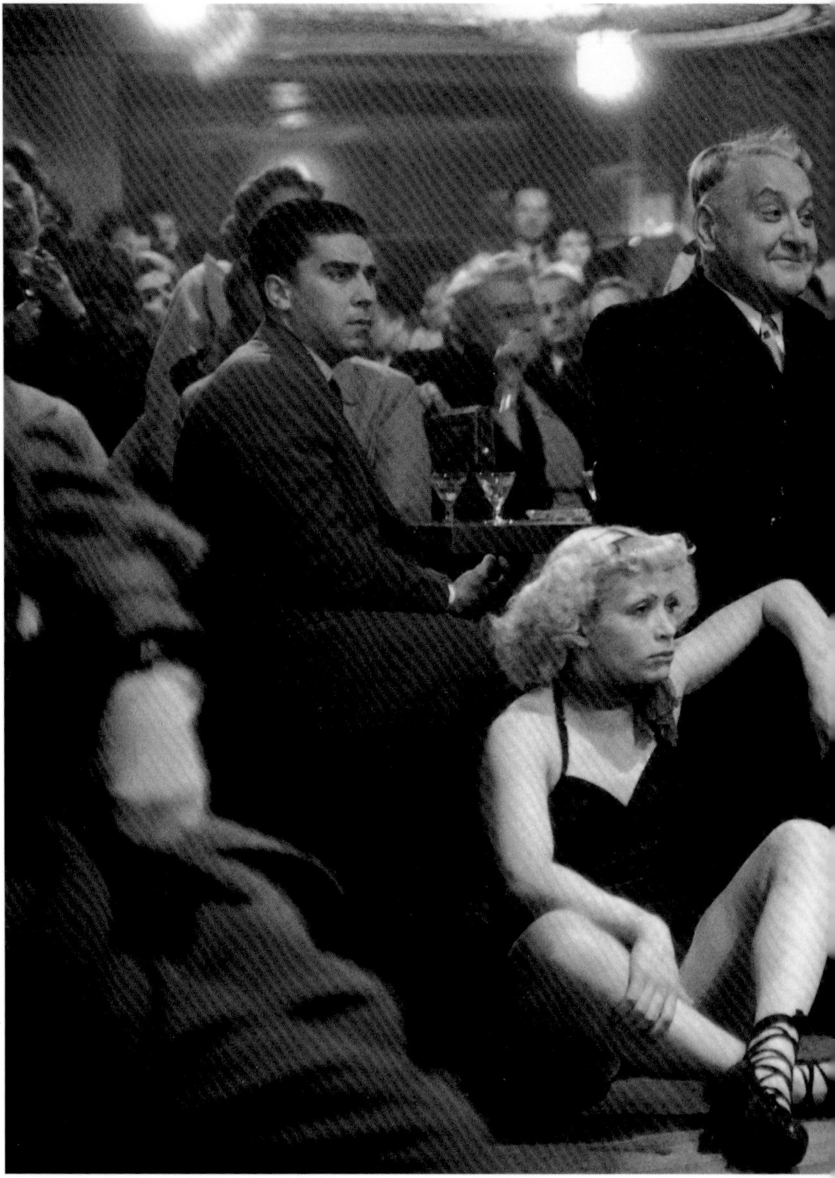

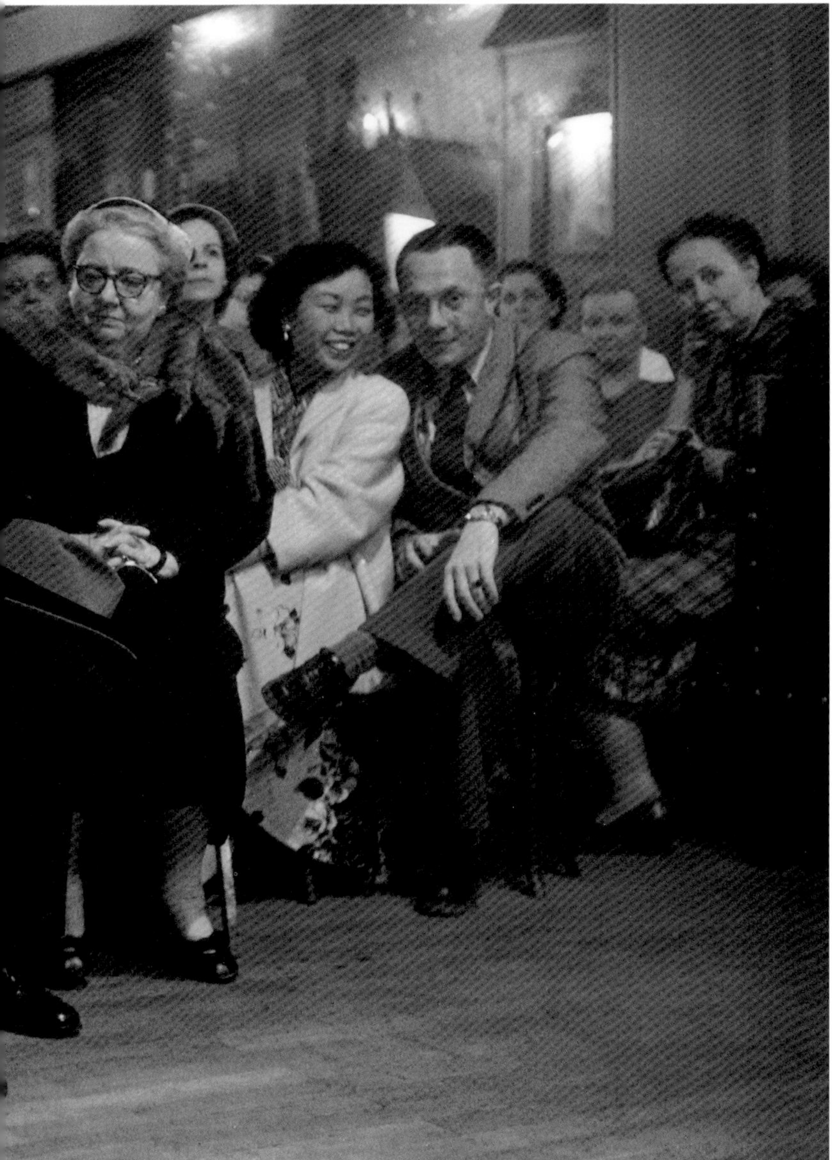

26. Séduction. 1949.

27. Pages suivantes : Madame Lucienne,
rue de Ménilmontant, 1953.

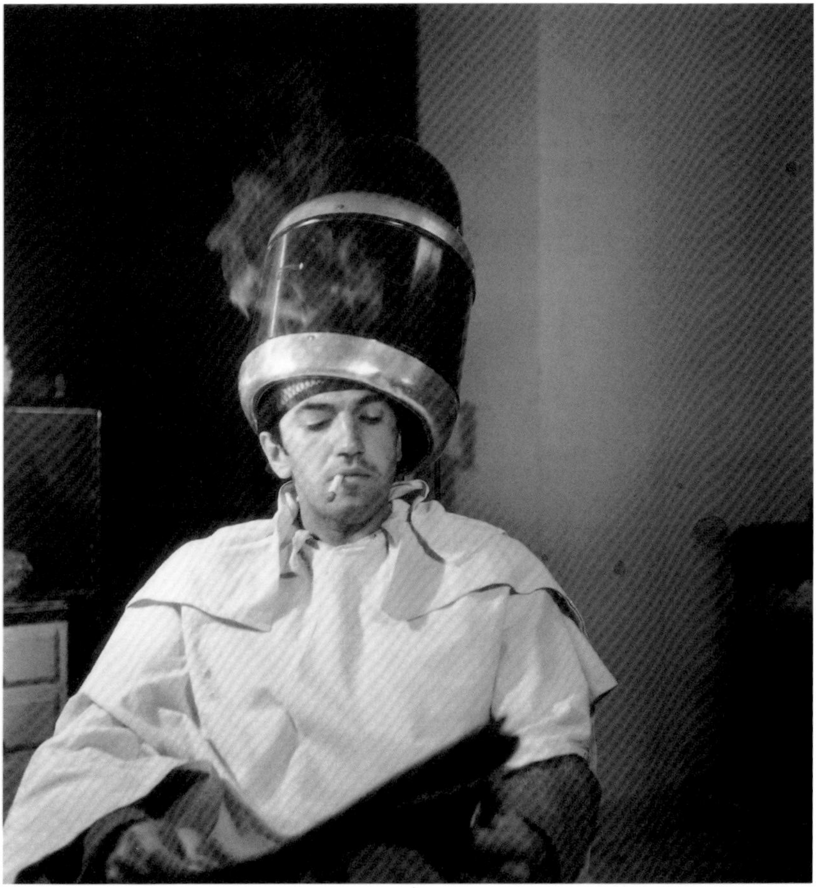

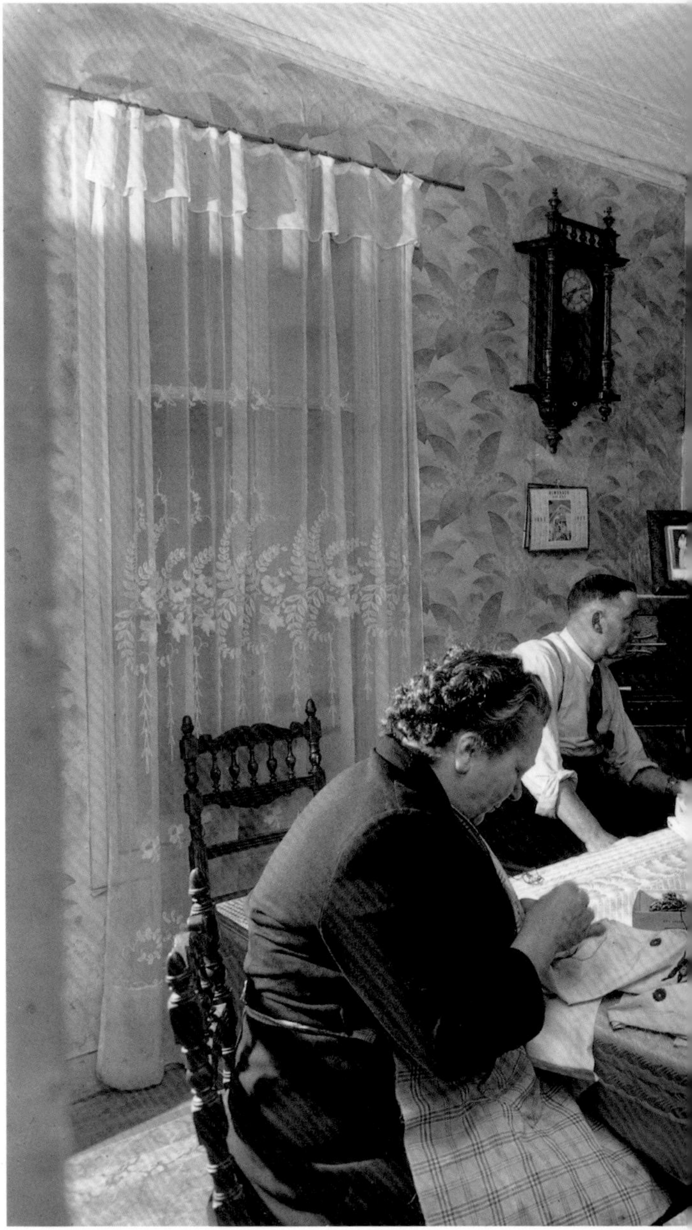

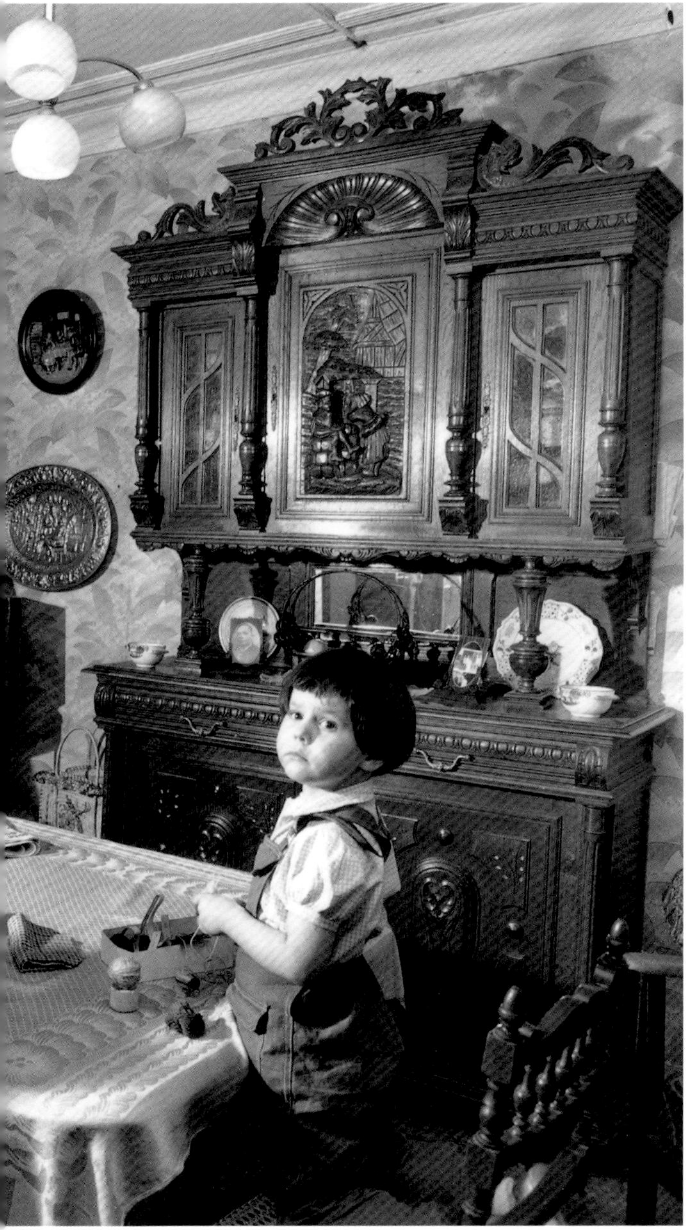

28. Chez le vétérinaire, 1949.

29. Pages suivantes : Pierre Derlon, 1974.

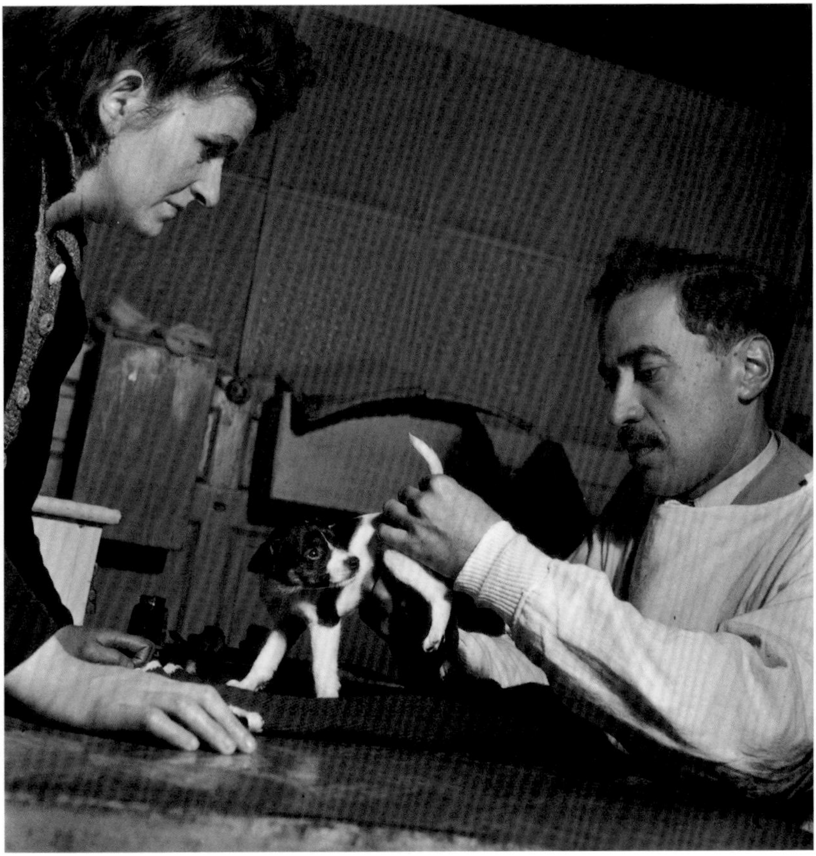

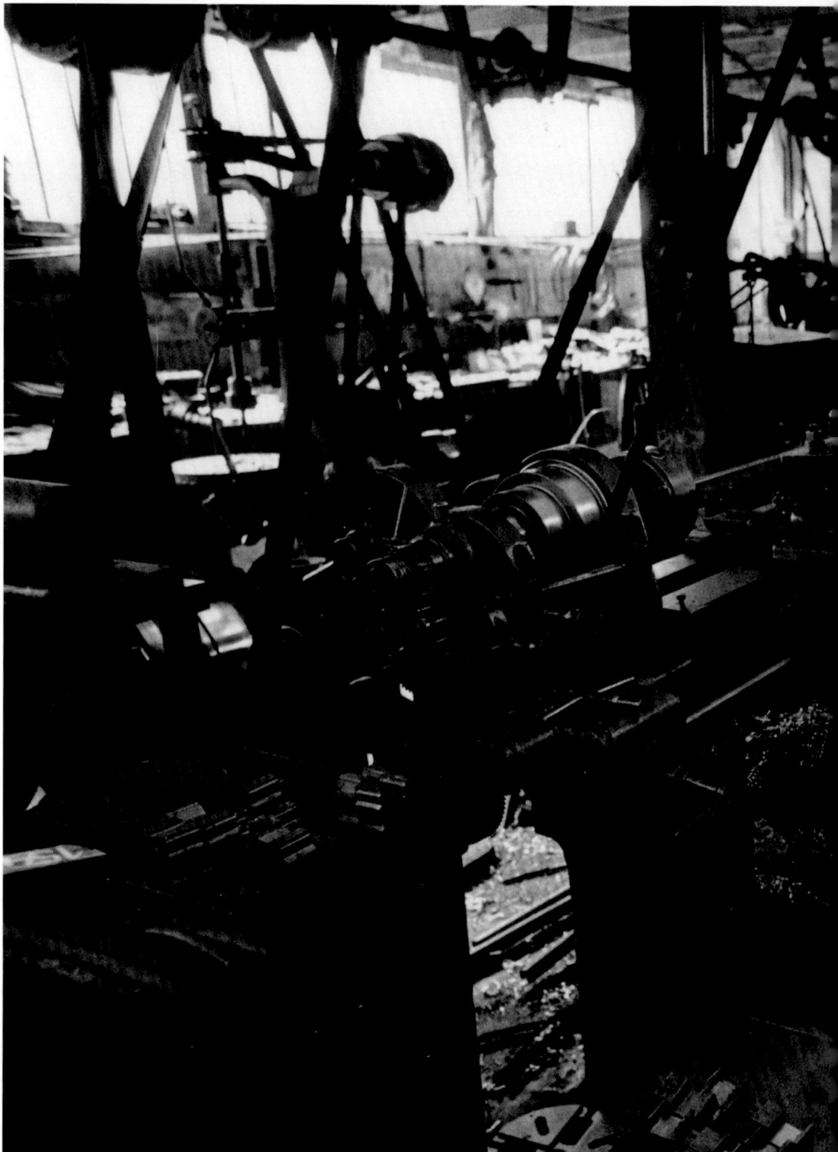

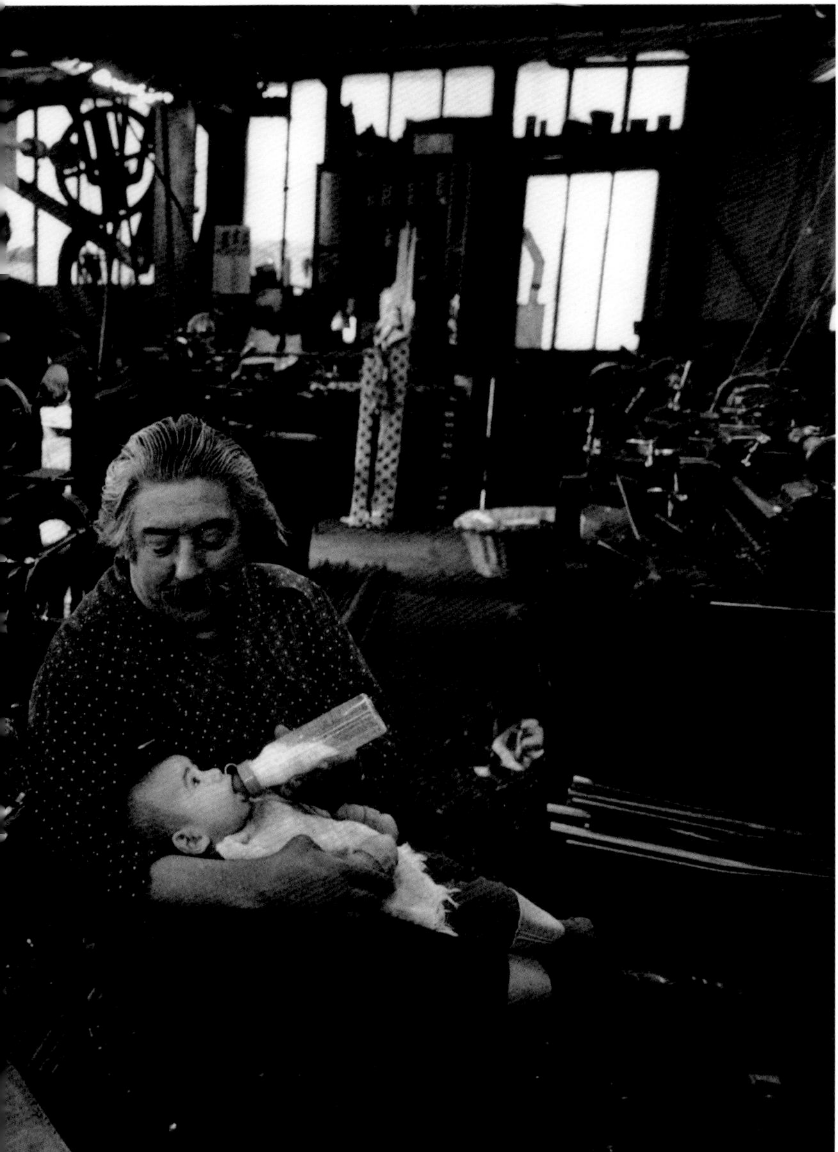

30. L'atelier du rêve, 1975.

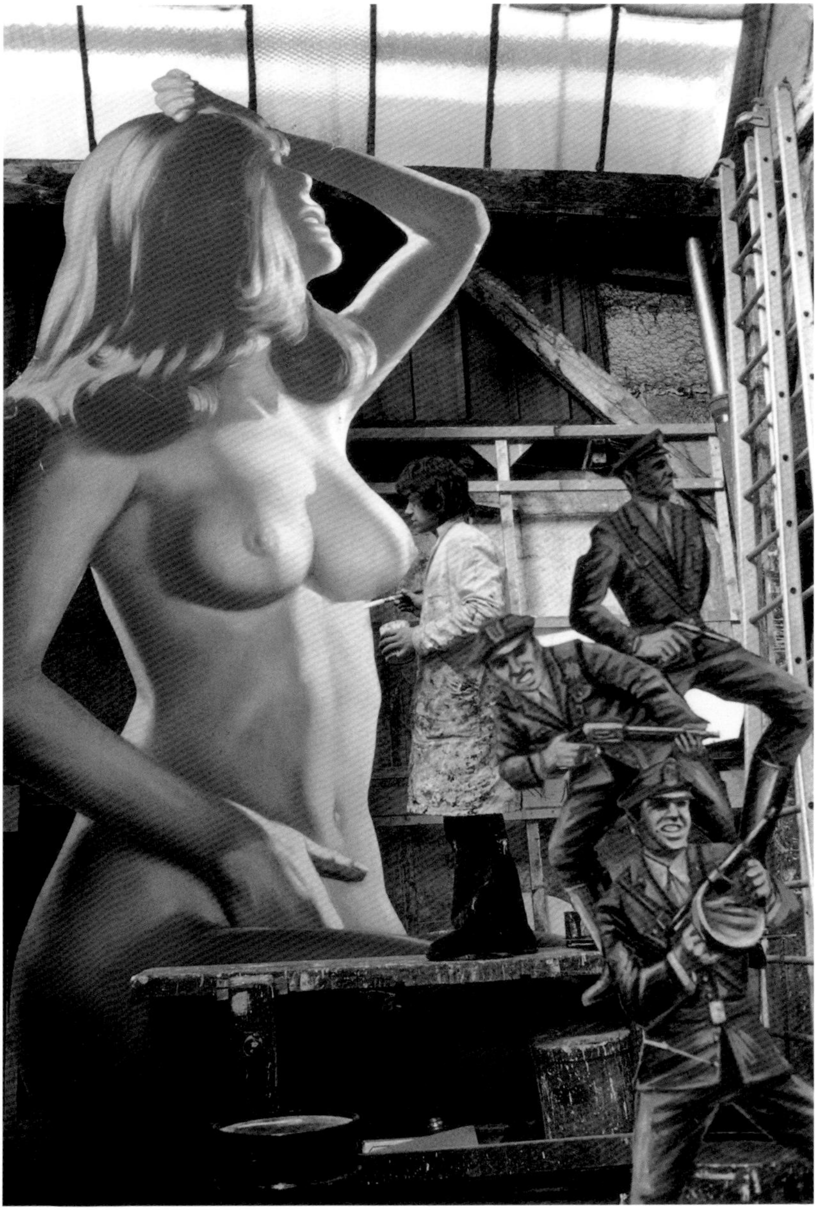

31. Paul Léautaud et quelques chats, 1953.

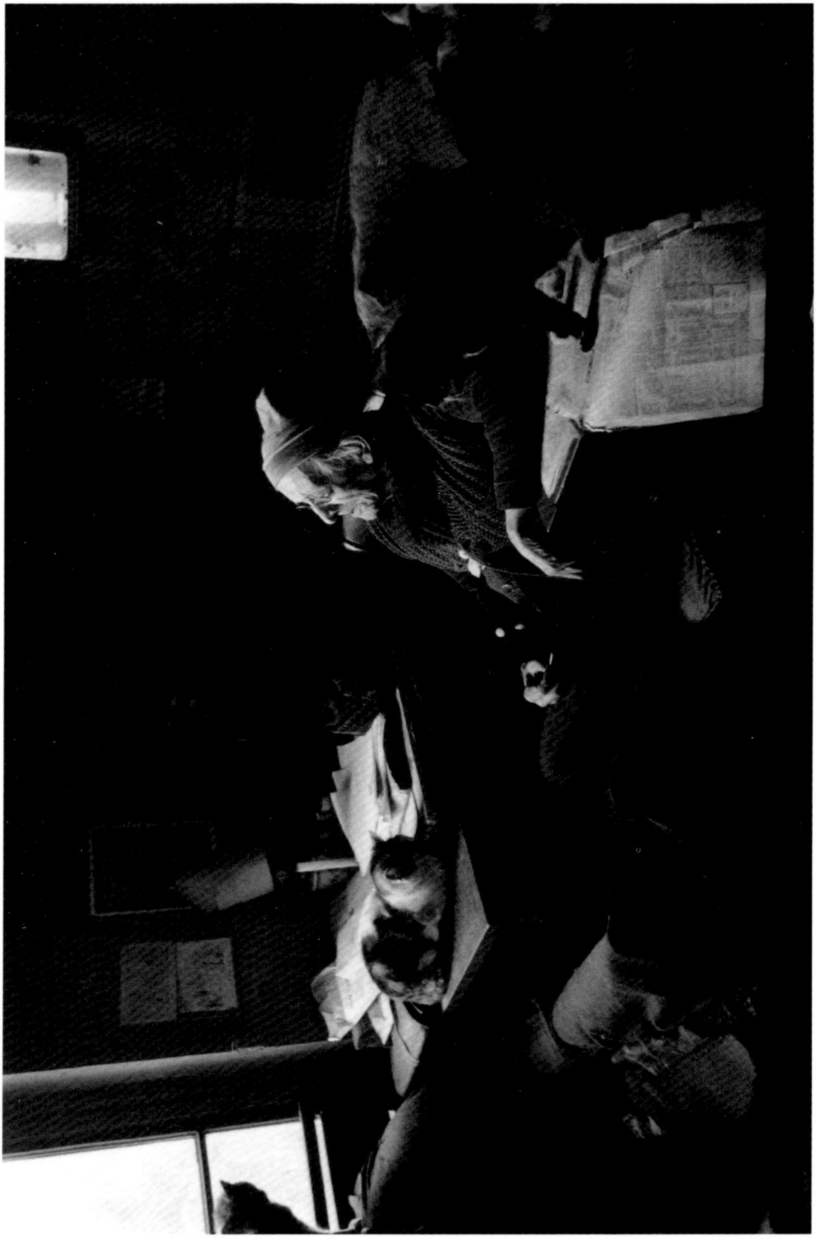

32. Graines de fleuriste, 1953.

33. Pages suivantes : Chez Madame Augustin, concierge, rue Vilin, 1953.

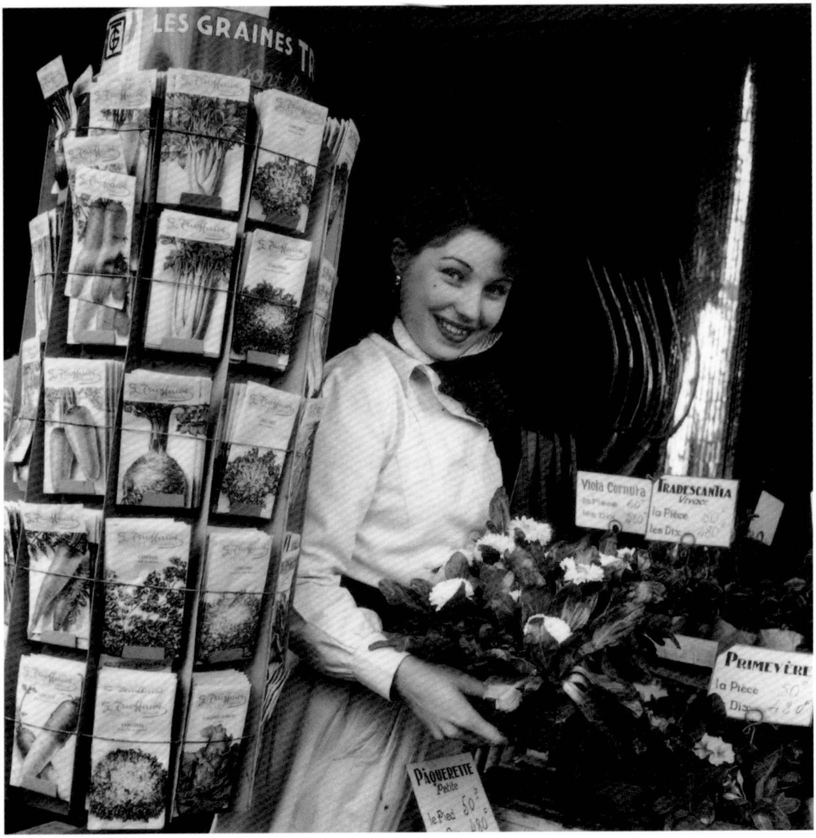
LES GRAINES
Viola Cornuta
TRADESCANTIA
Vivace
la Pièce
les Dix
PRIMEVÈRE
la Pièce
PÂQUERETTE
Petite
le Pied

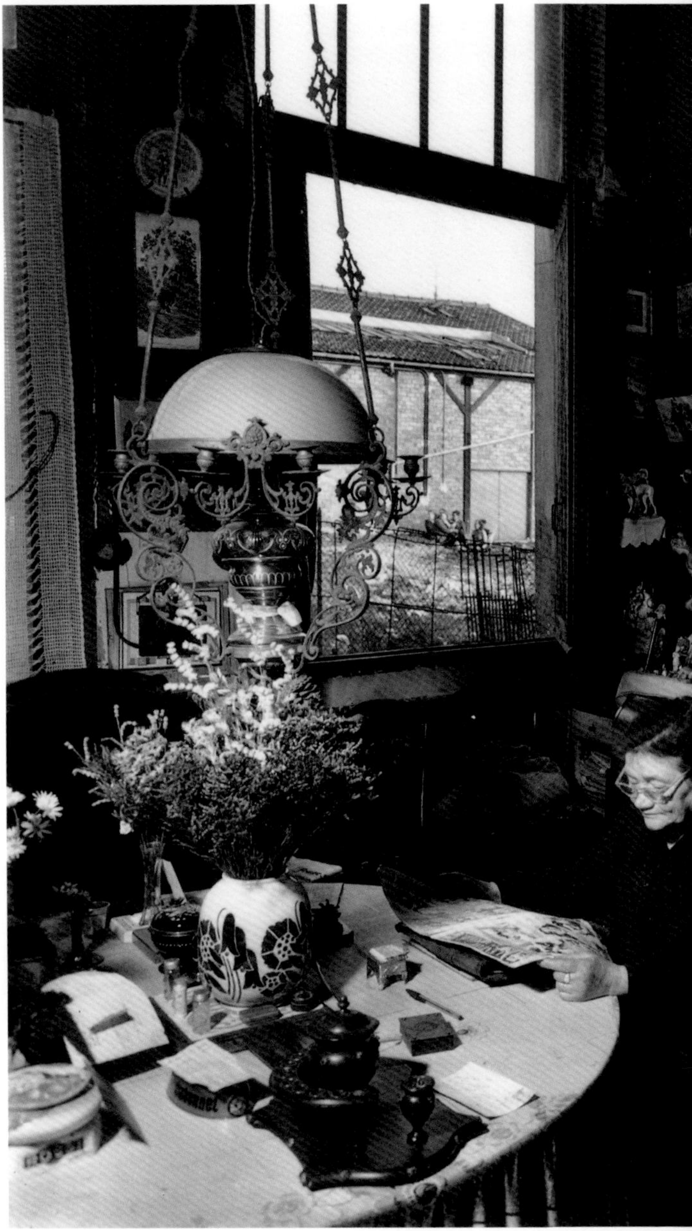

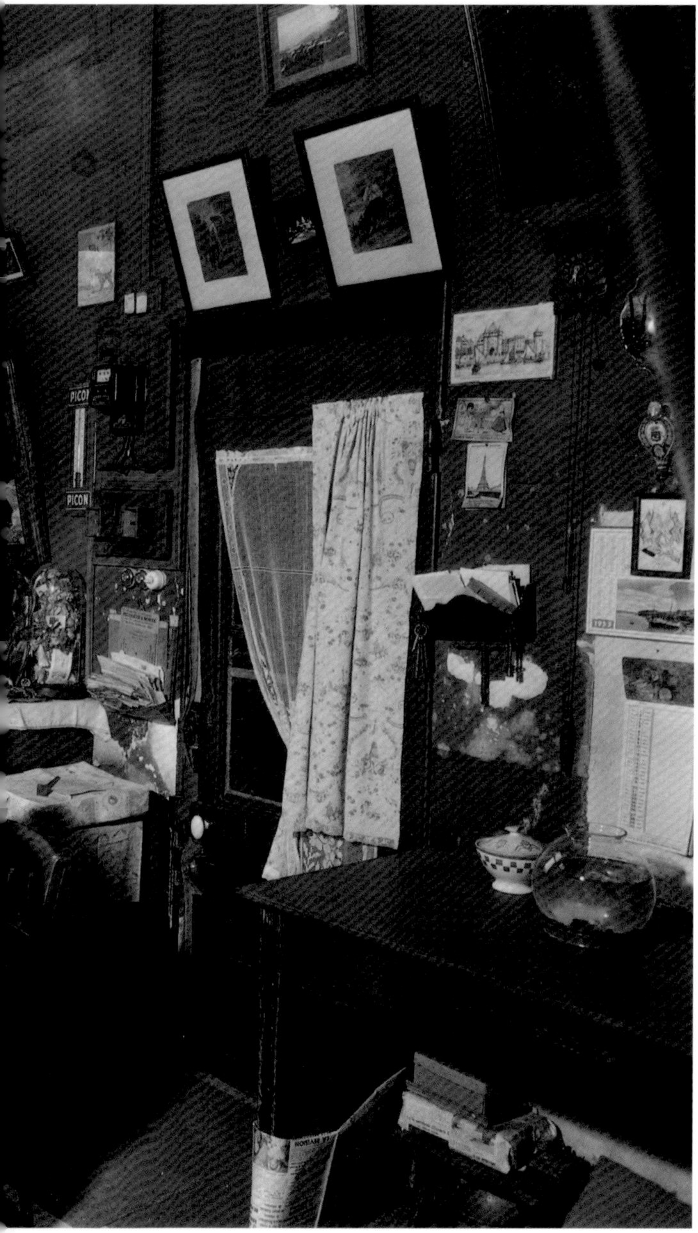
PICON
PICON

34. Saül Steinberg dans un magasin de porcelaine, 1953.

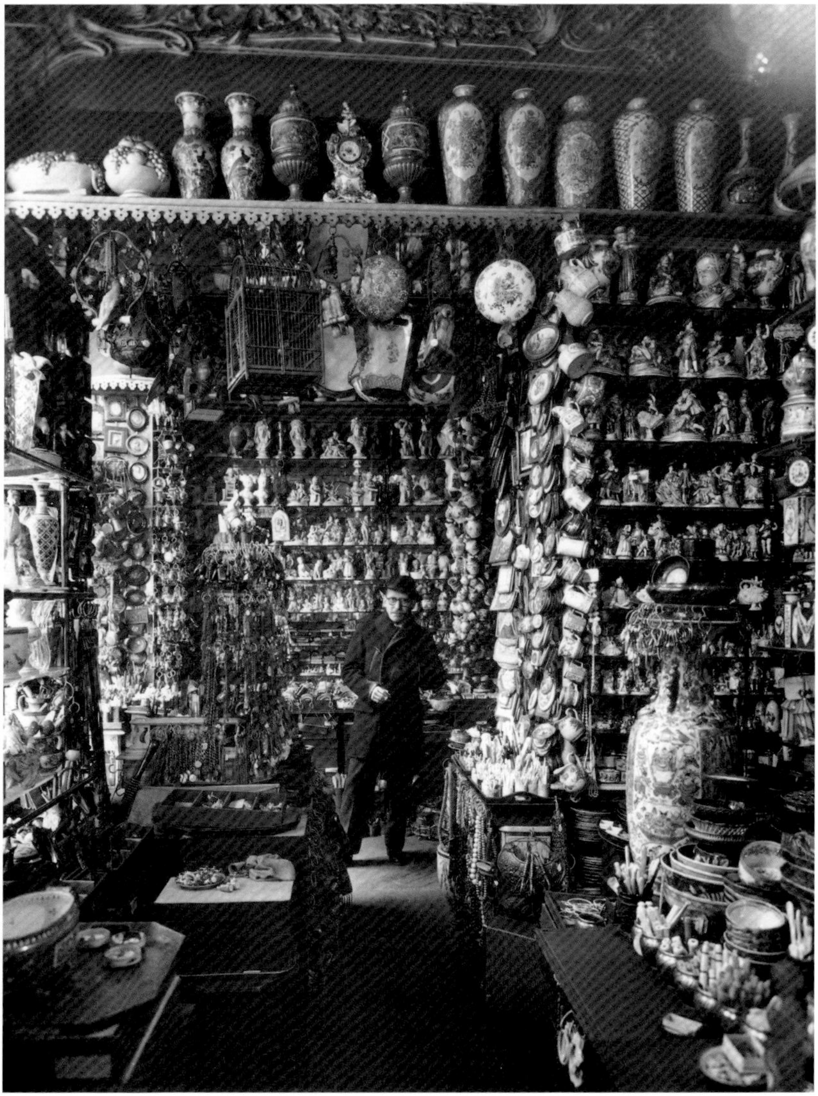

35. César, rue de l'Echaudé, 1955.

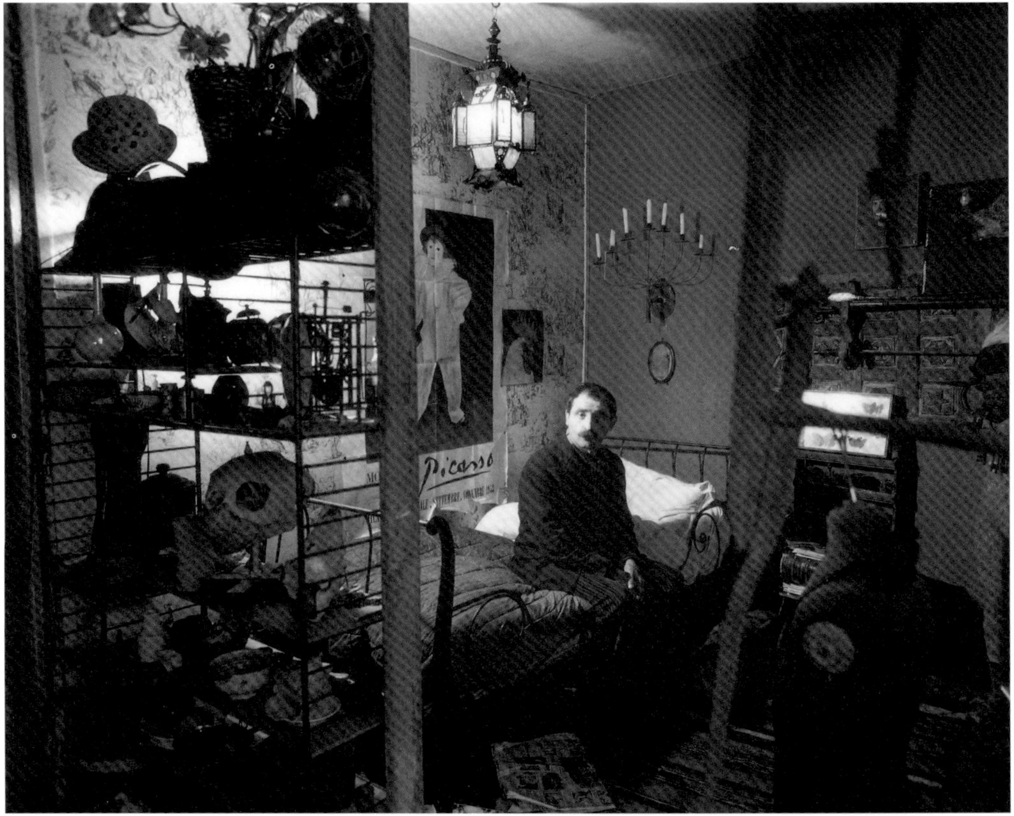
Picasso

36. Madame Colette, Palais Royal, 1950.

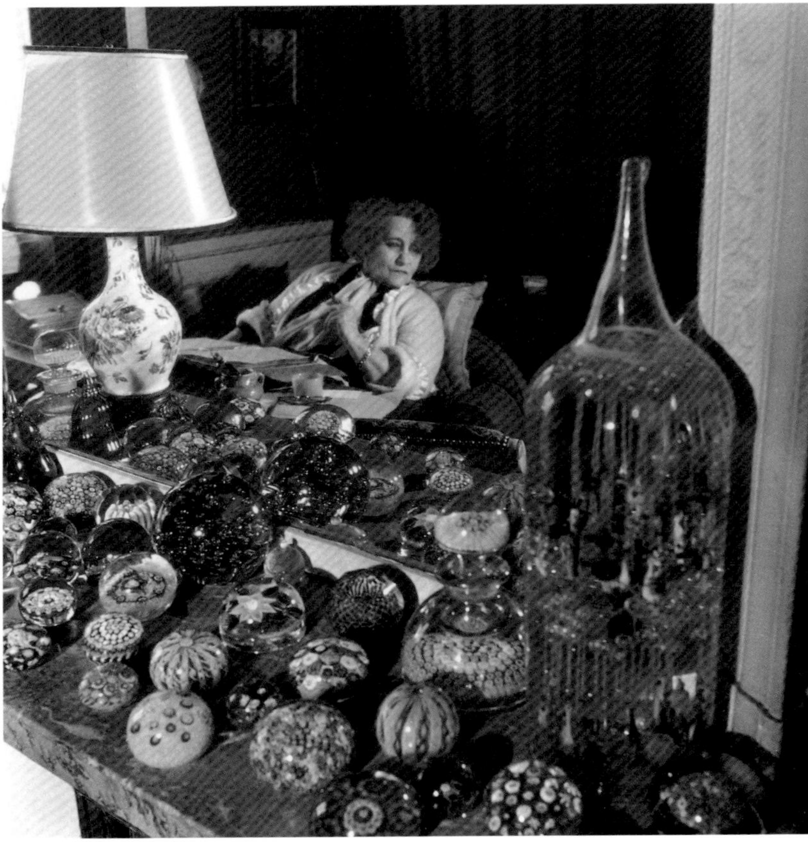

37. Pont des Arts, 1966.

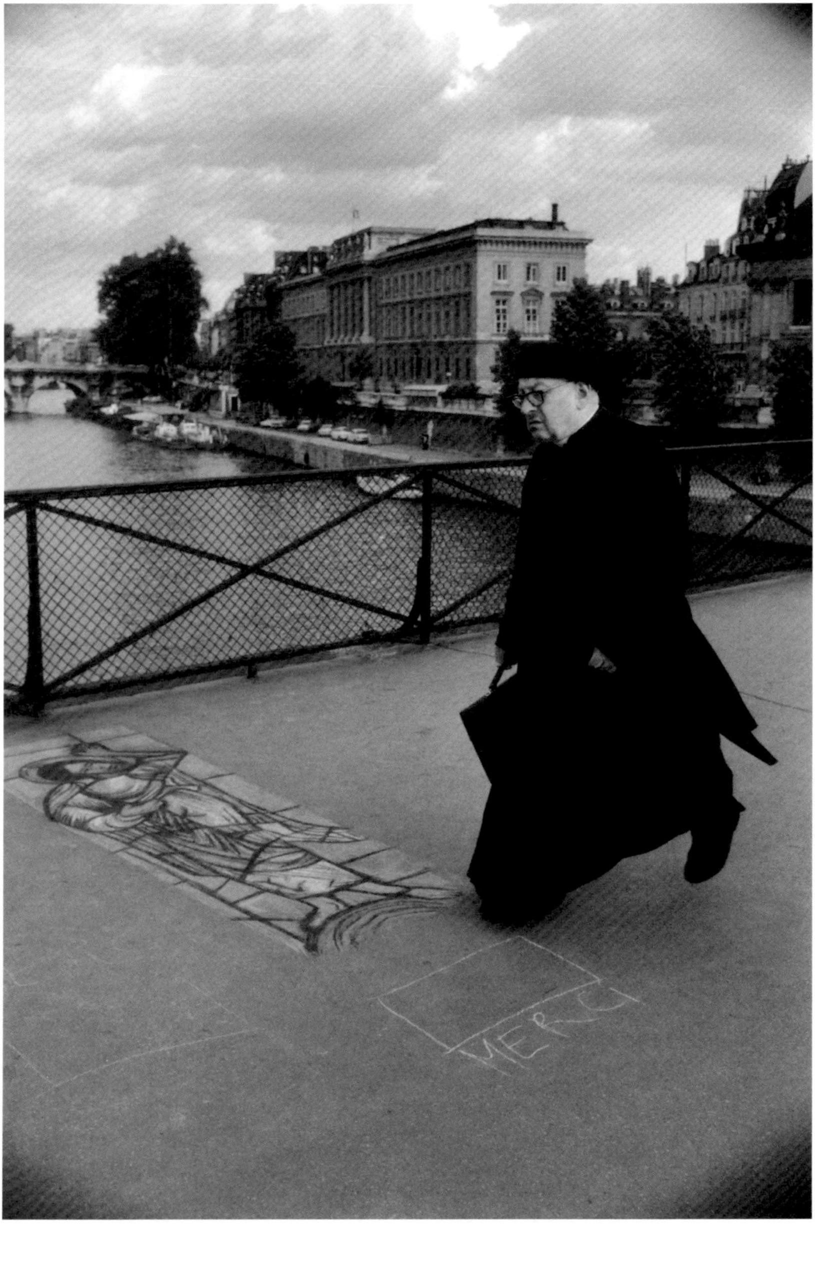
MERCI

38. Bouquiniste, 1951.

39. Pages suivantes : Connivence, 1971.

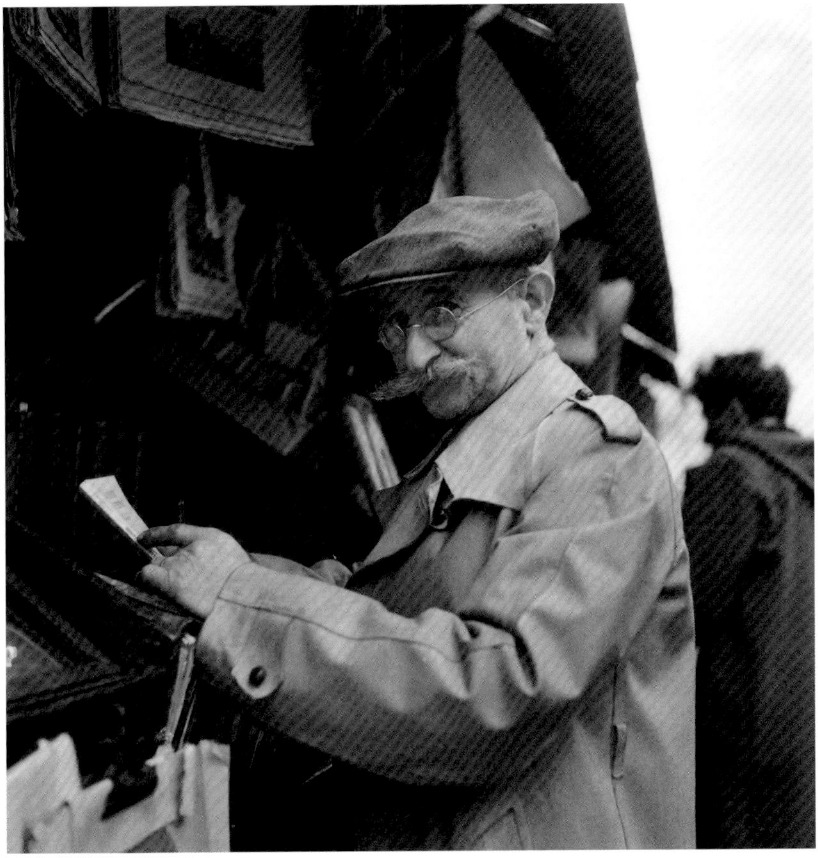

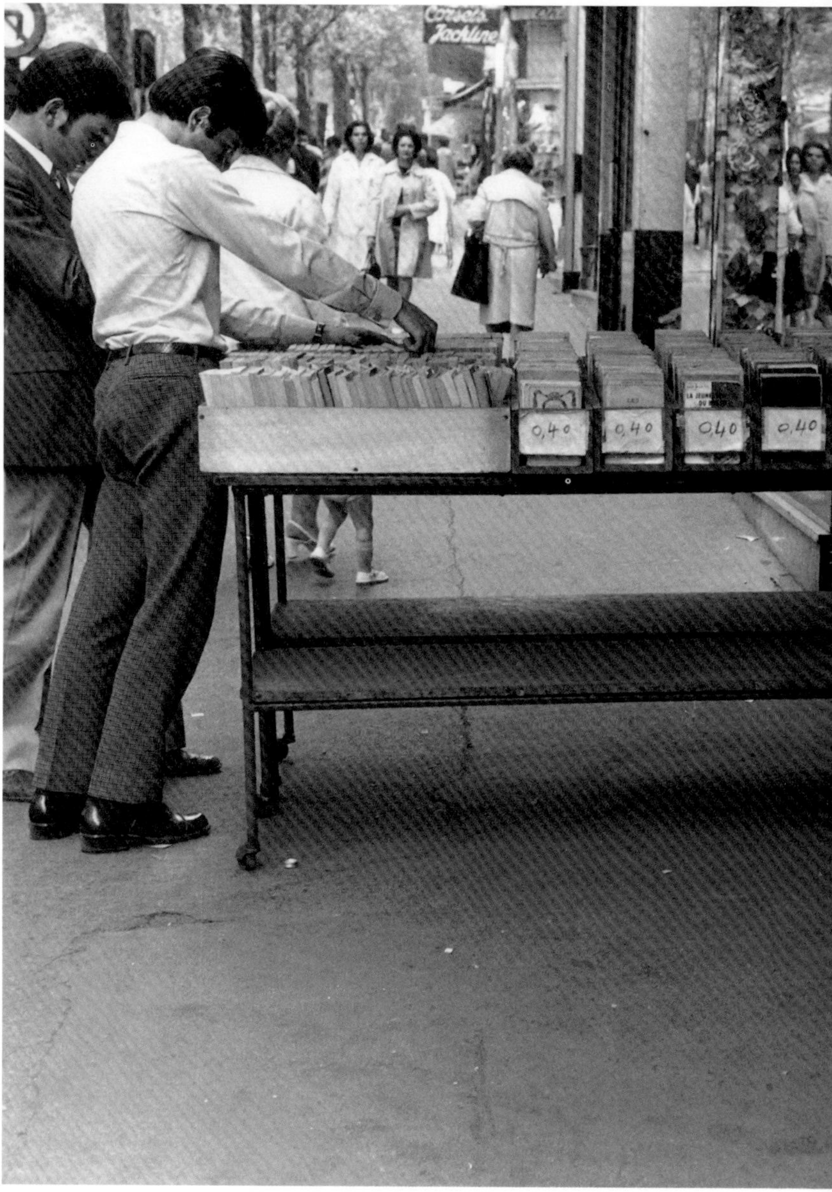
Corsets
Jackline
0,40
0,40
0,40
0,40

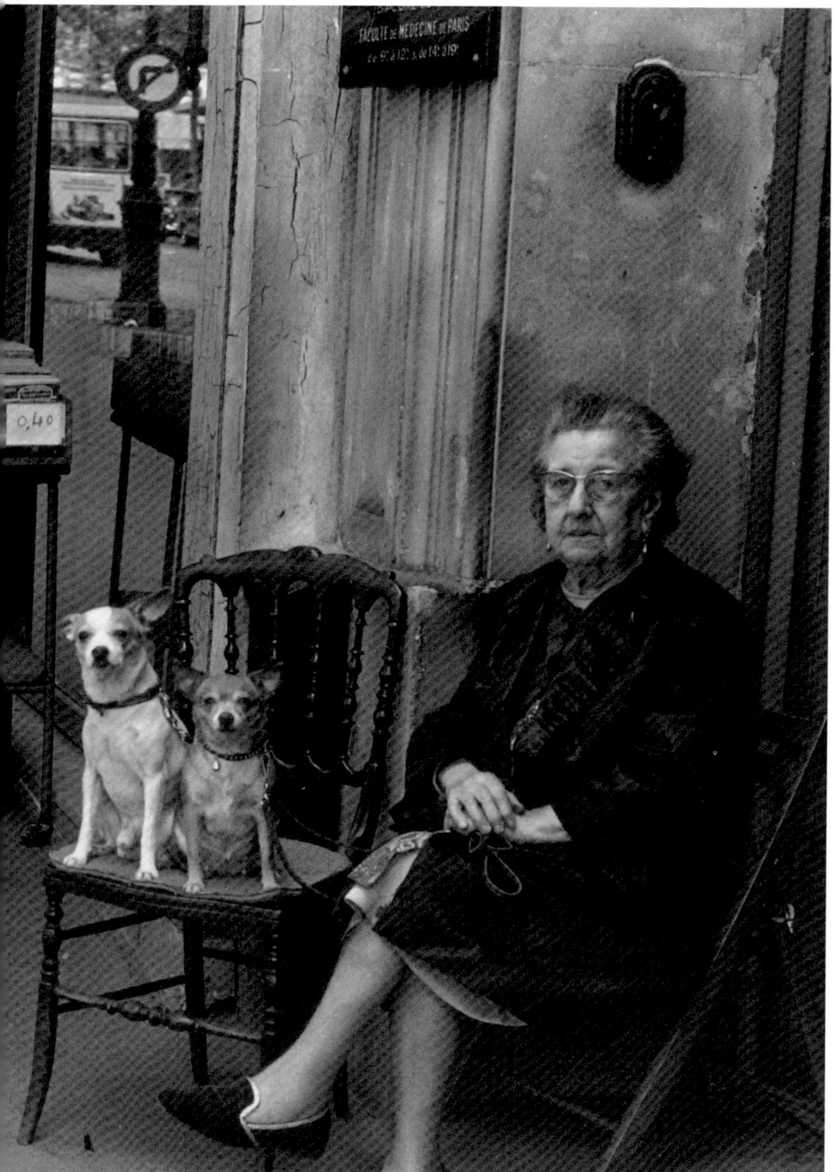
FACULTE DE MEDECINE DE PARIS
0,40

40. Rue des Artistes, 1988.

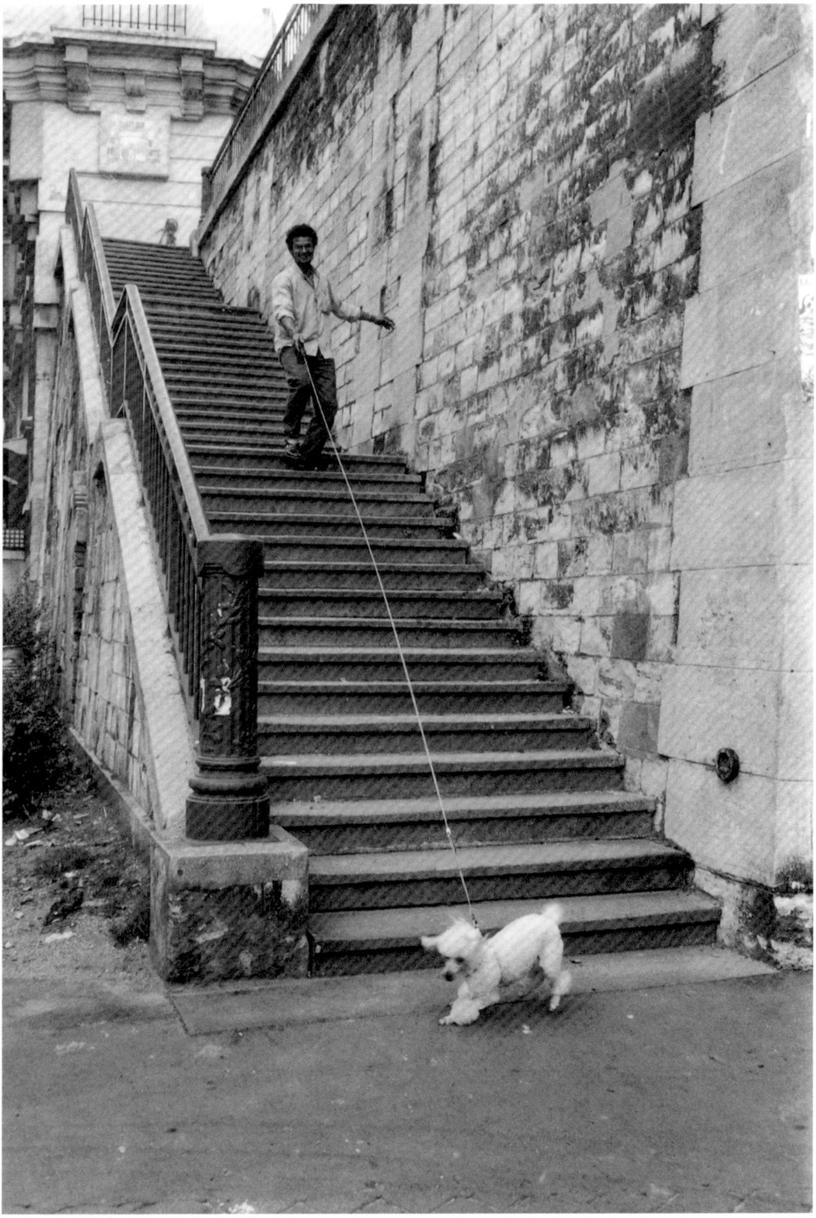

41. Balayeur, Jardin des Tuileries, 1948.

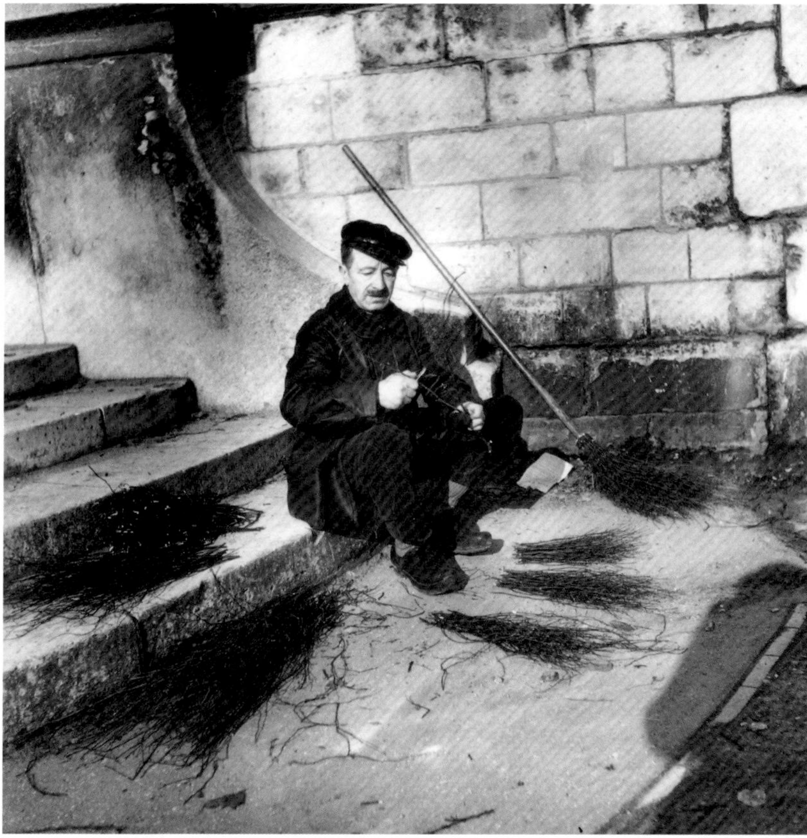

42. La glace à la vanille. 1951.

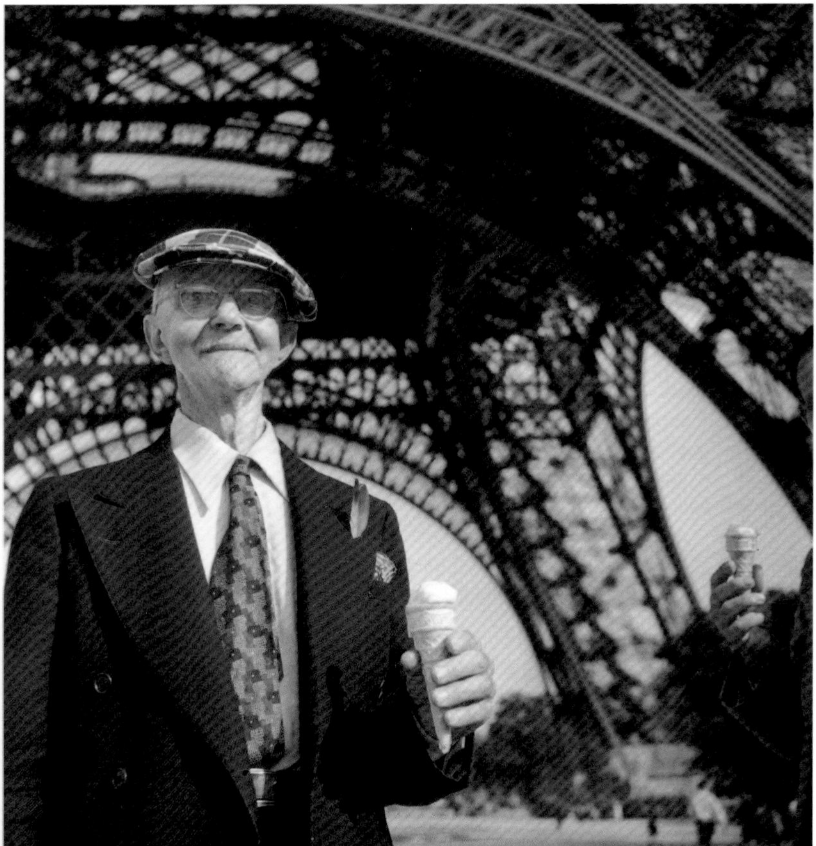

43. Quai du Vert Galant, 1946.

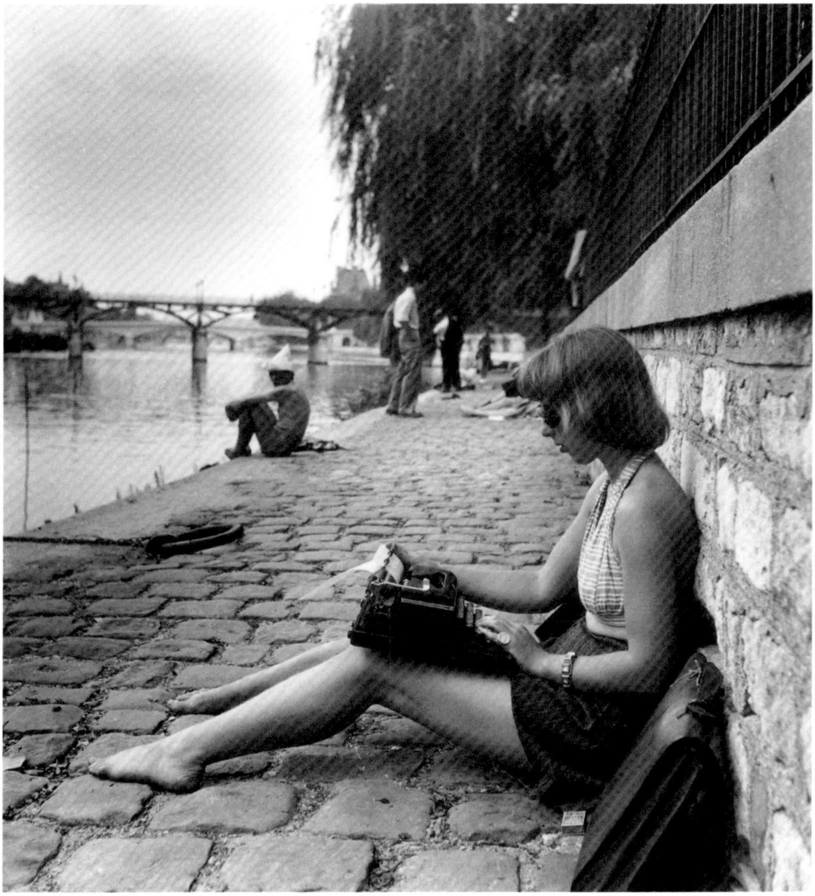

44. Jean Tinguely, portrait de l'artiste, 1959.

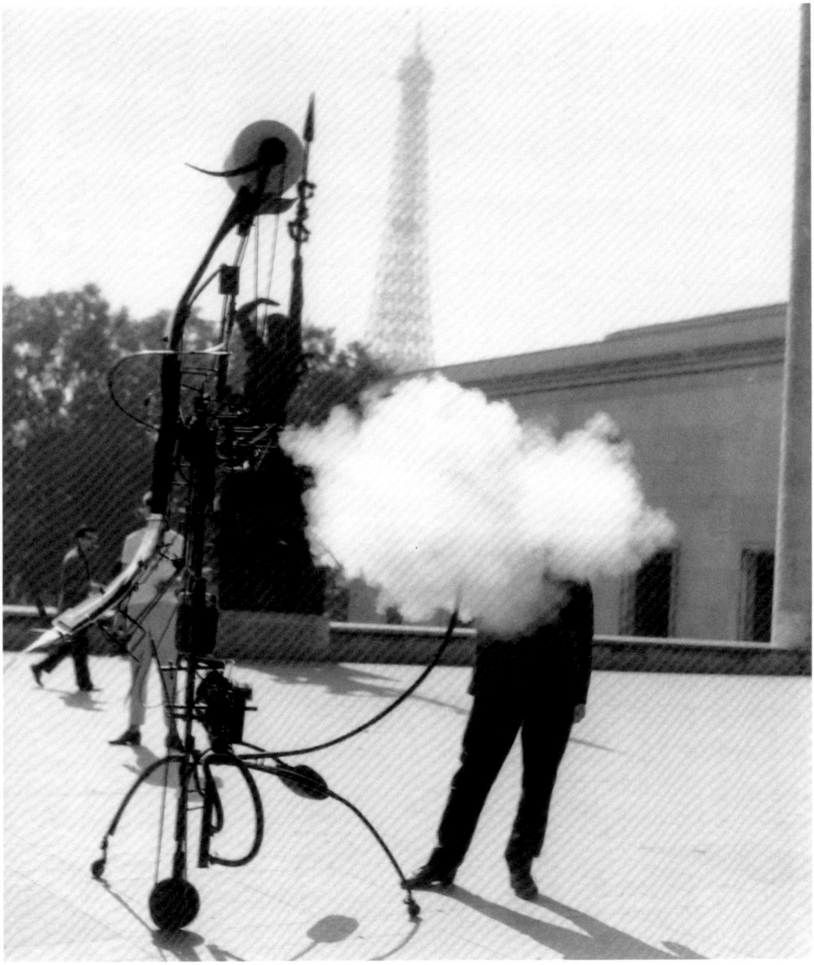

45. La meute. Place de la Concorde, 1969.

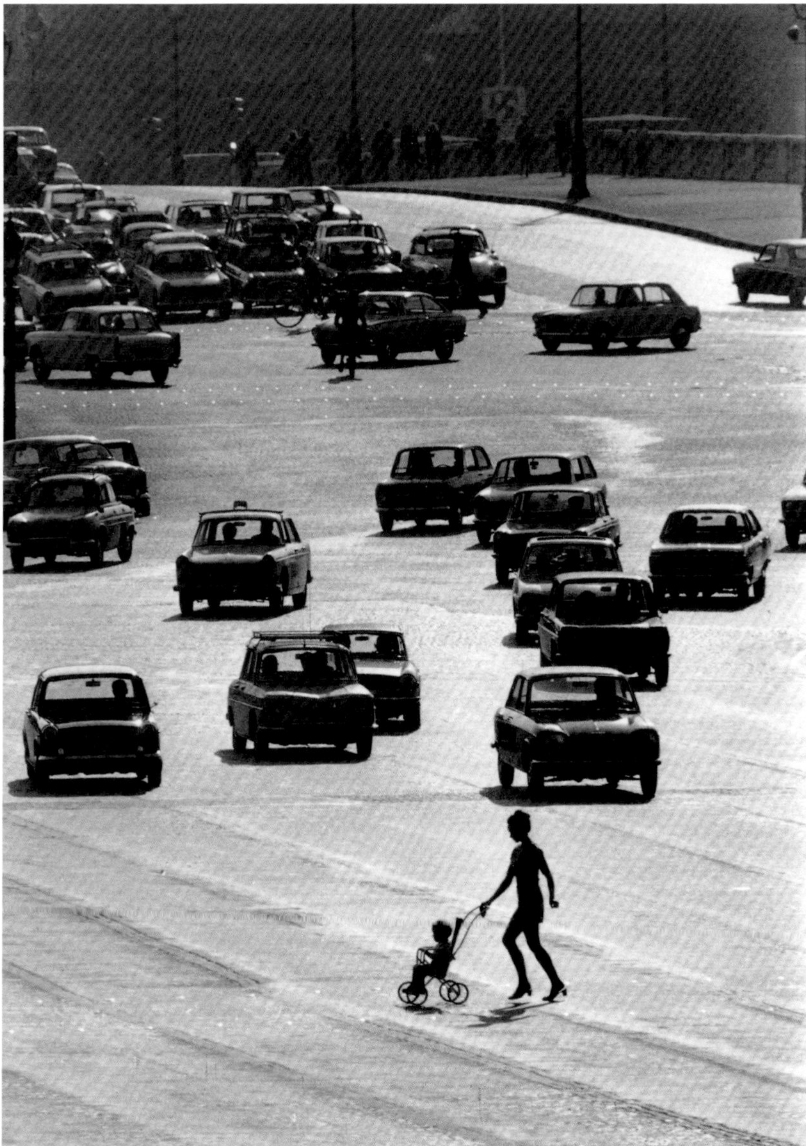

46. L'embarras du choix, 1973.

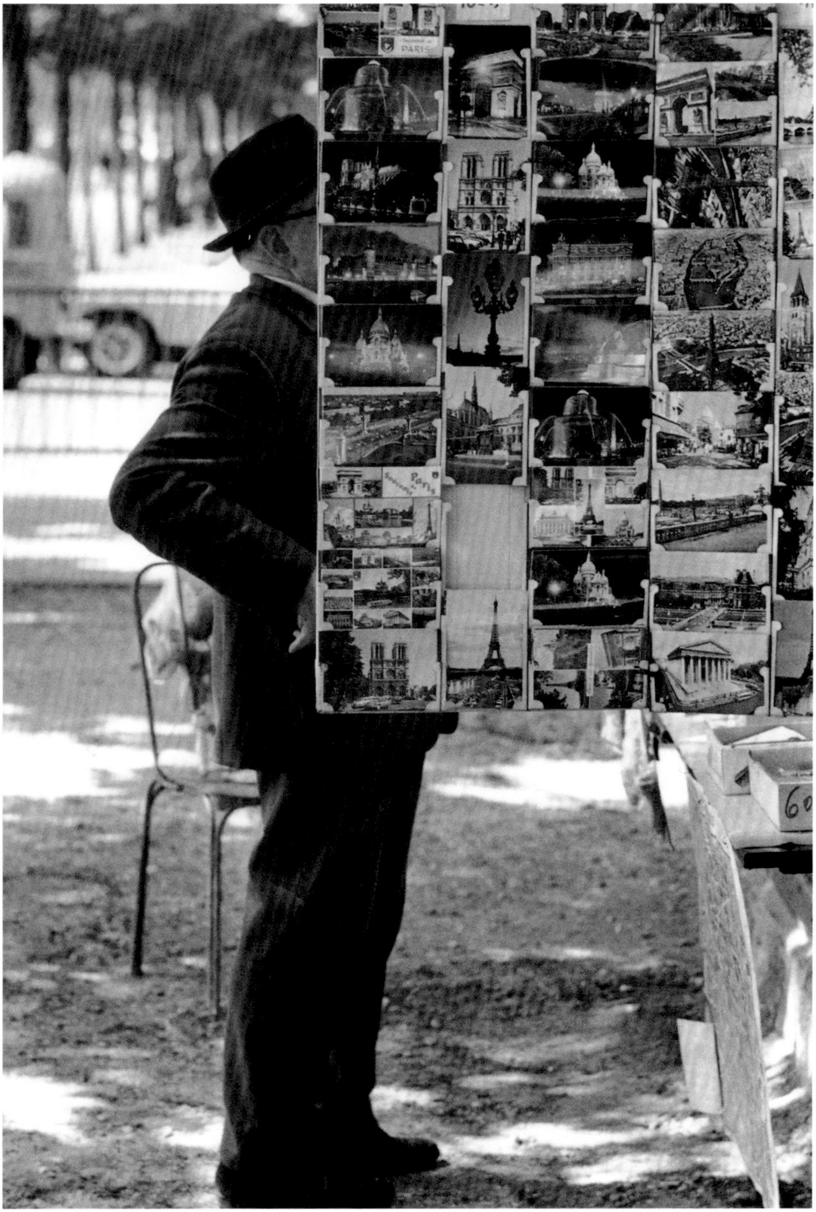
PARIS

47. Devant la Joconde, Musée du Louvre, 1953.

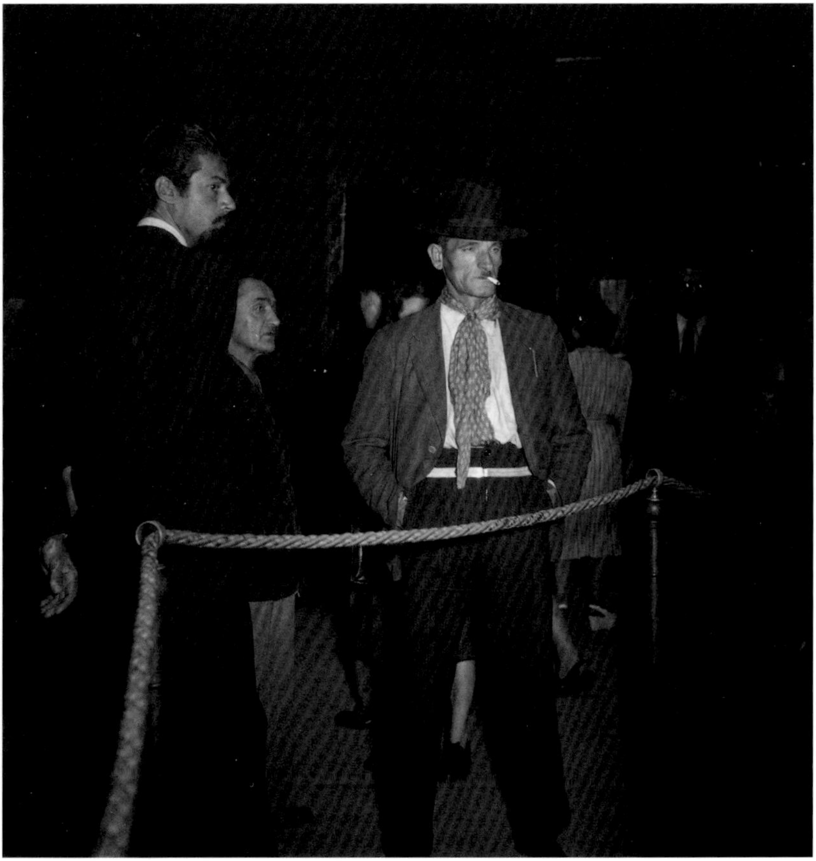

48. Sur les Grands Boulevards, 1953.

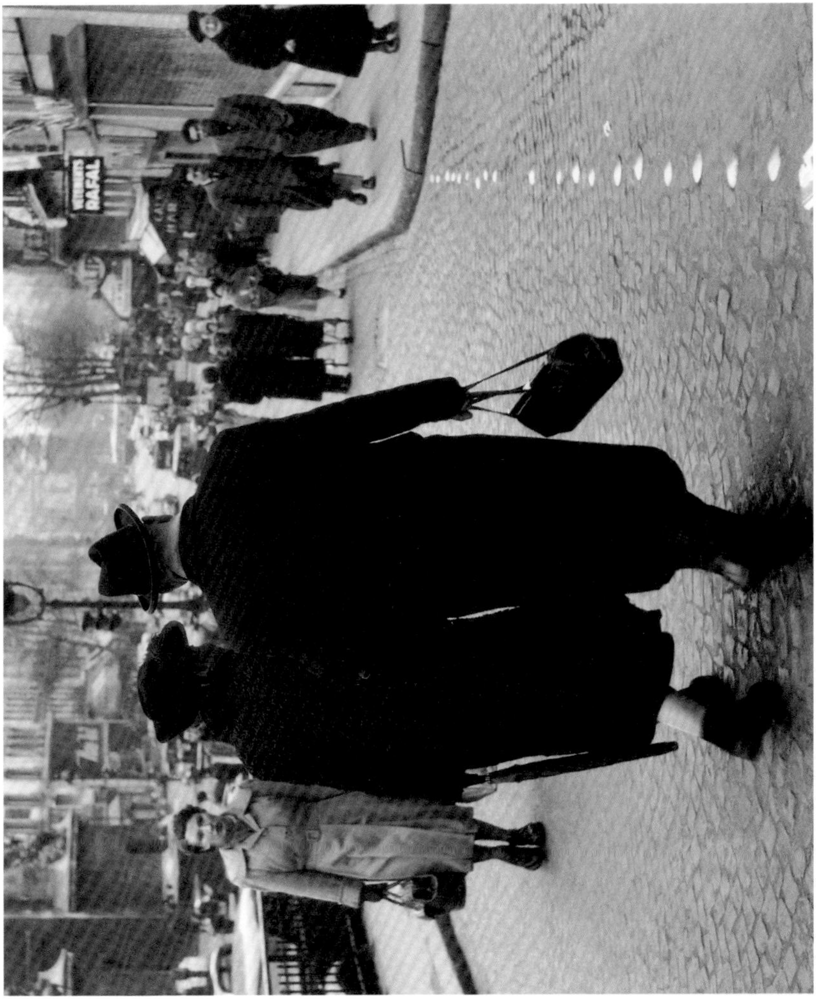
RAFAL

49. Vernissage à la galerie Charpentier, 1949.

50. Pages suivantes : Bal chez le Baron de l'Espée, 1949.

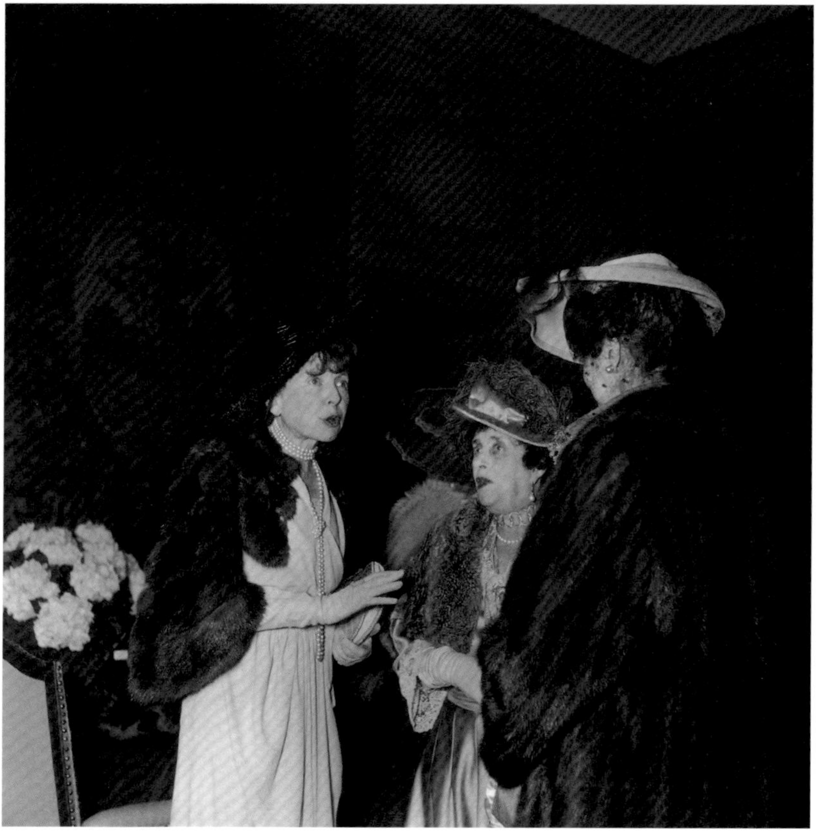

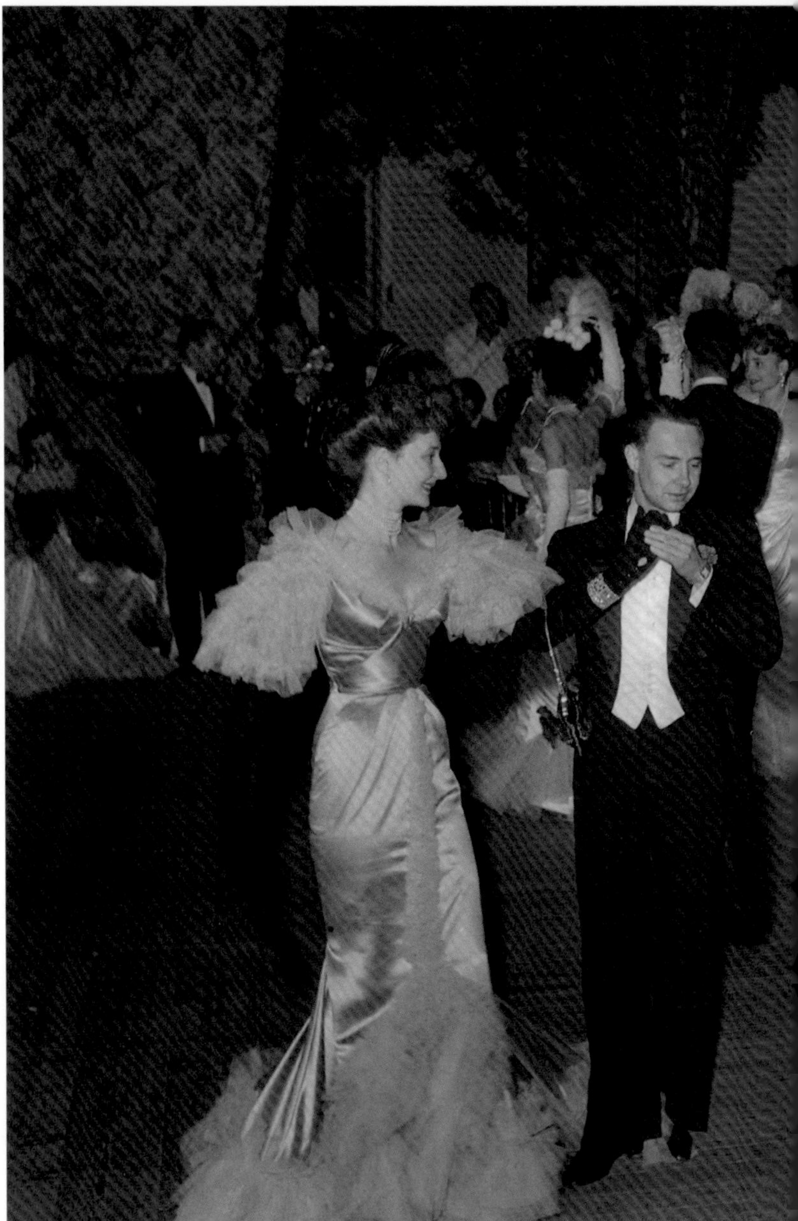

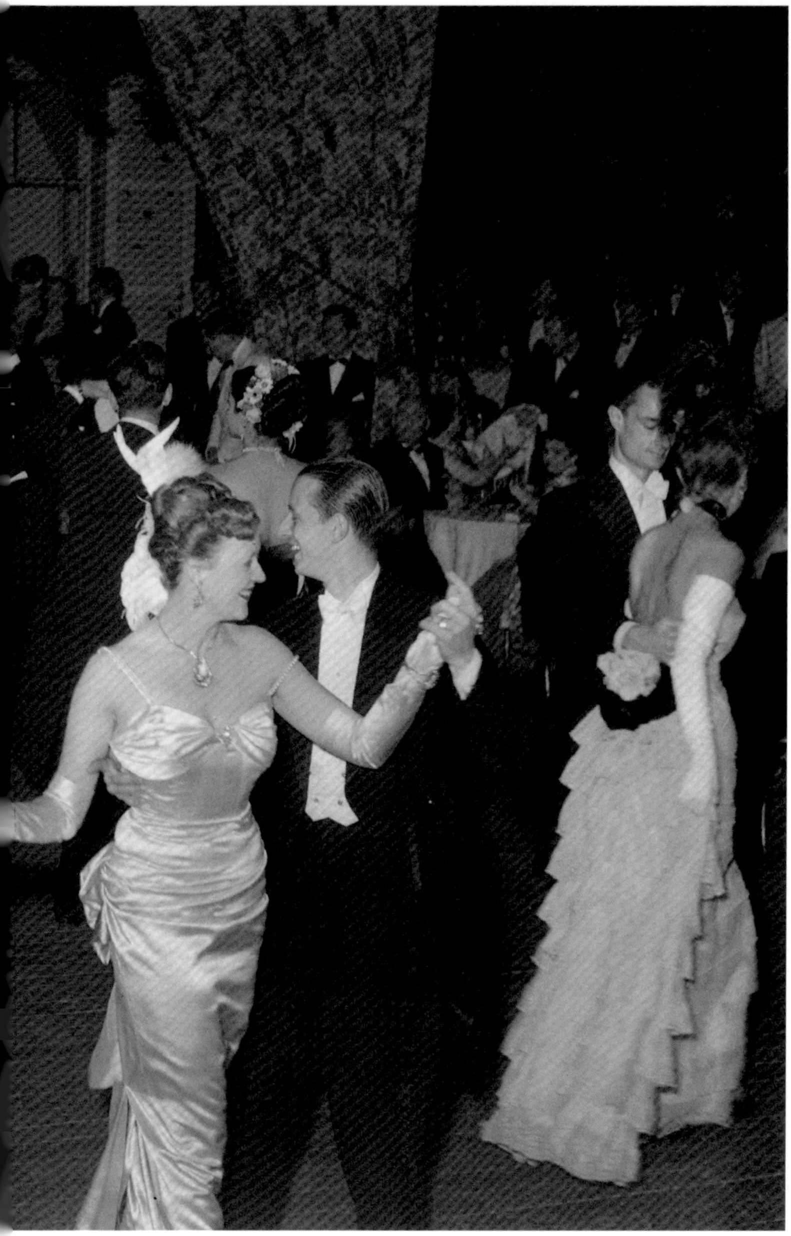

51. La secte du culte de l'oignon, 1949.

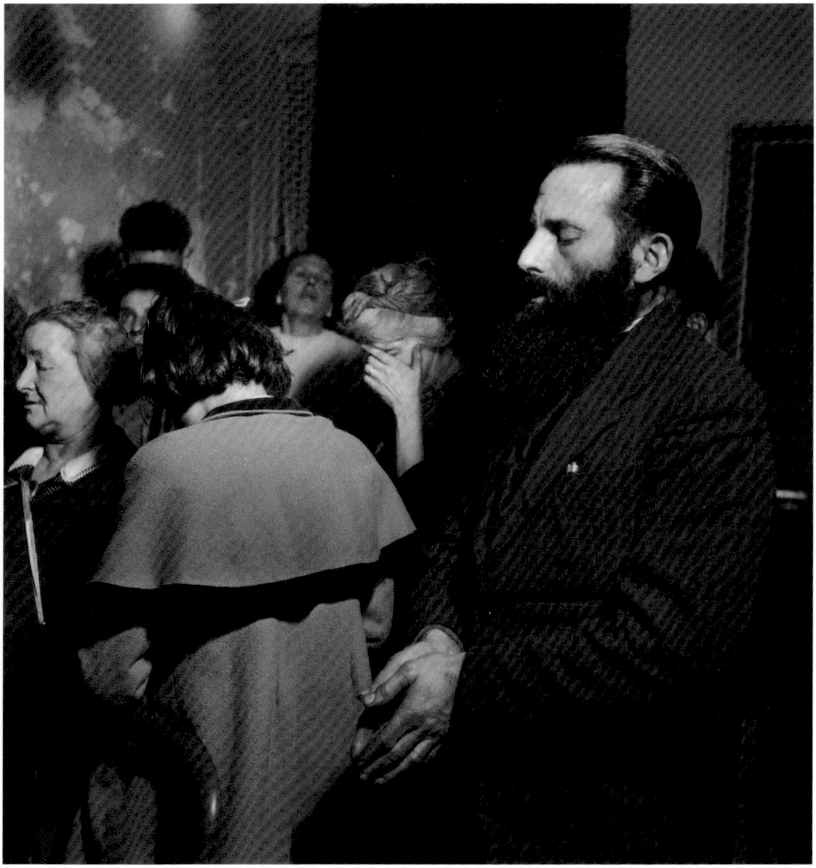

52. Devant les Galeries Lafayette, 1973.

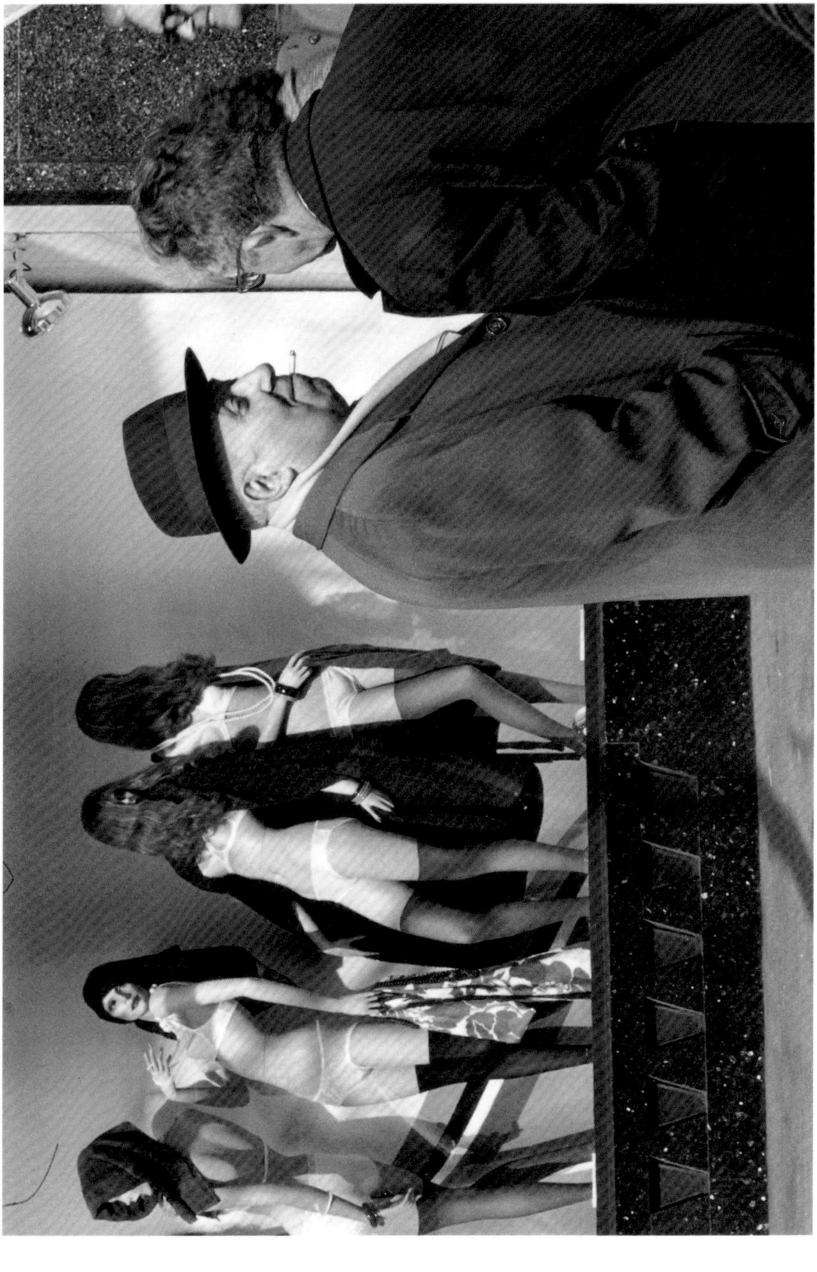

53. Le fox-terrier du Pont des Arts, 1953.

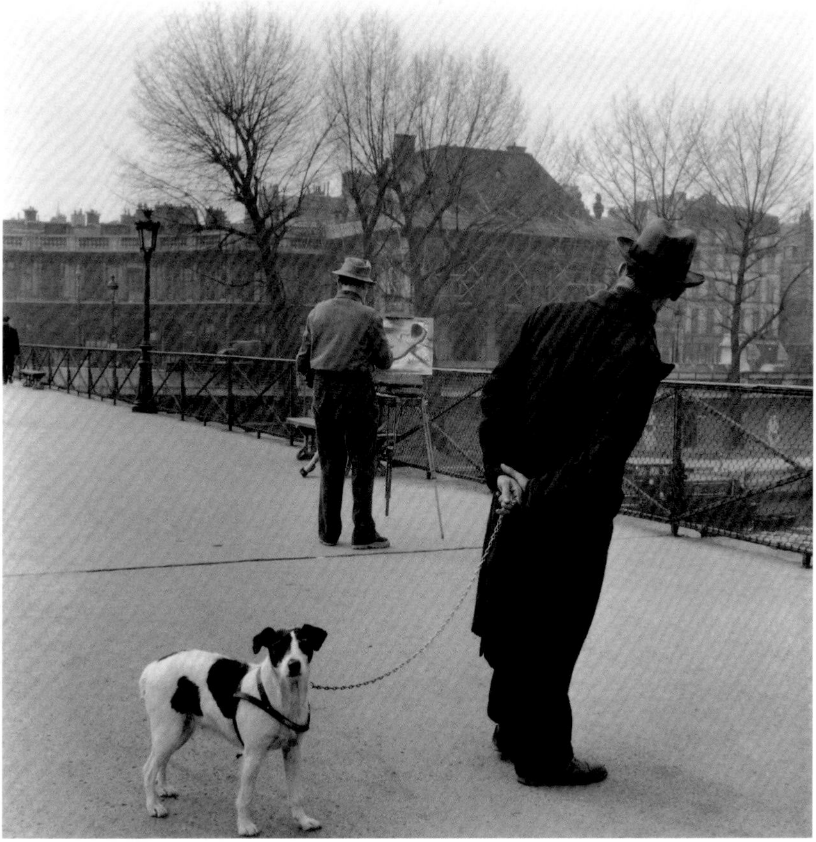

54. Fascination. Musée du Louvre, 1972.

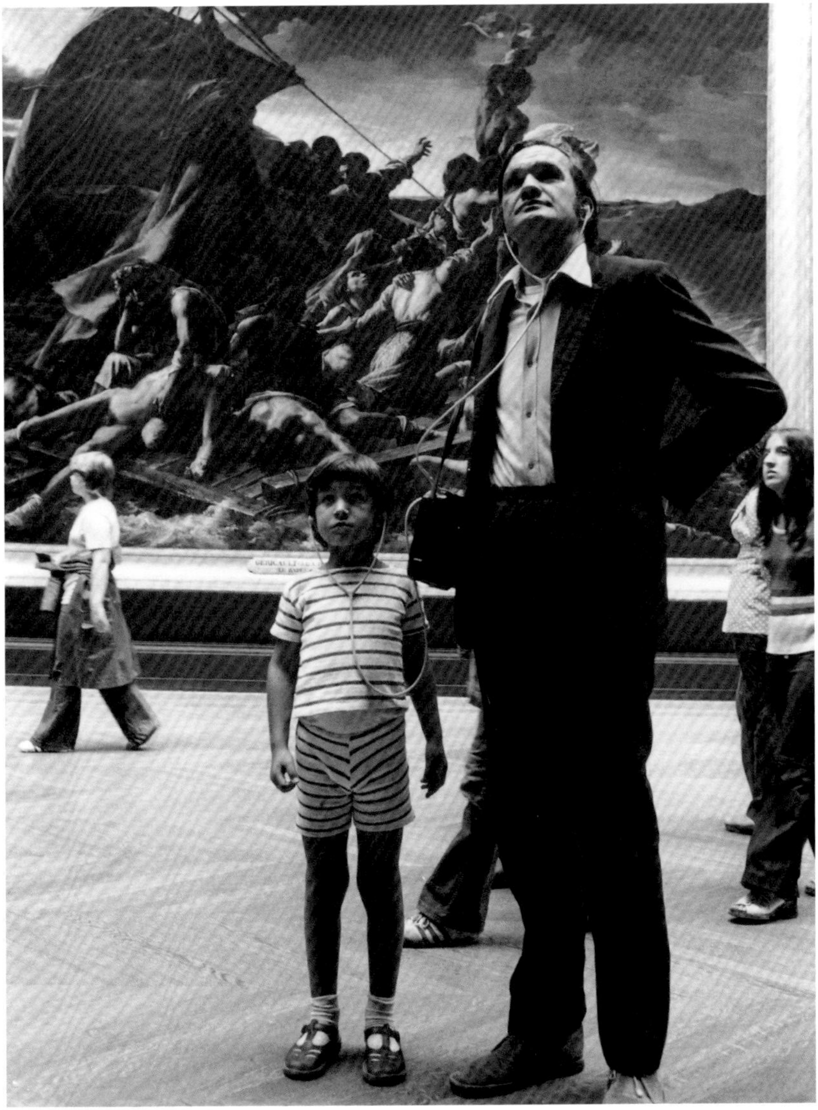

55. Le lustre de la rue de Charonne, 1983.

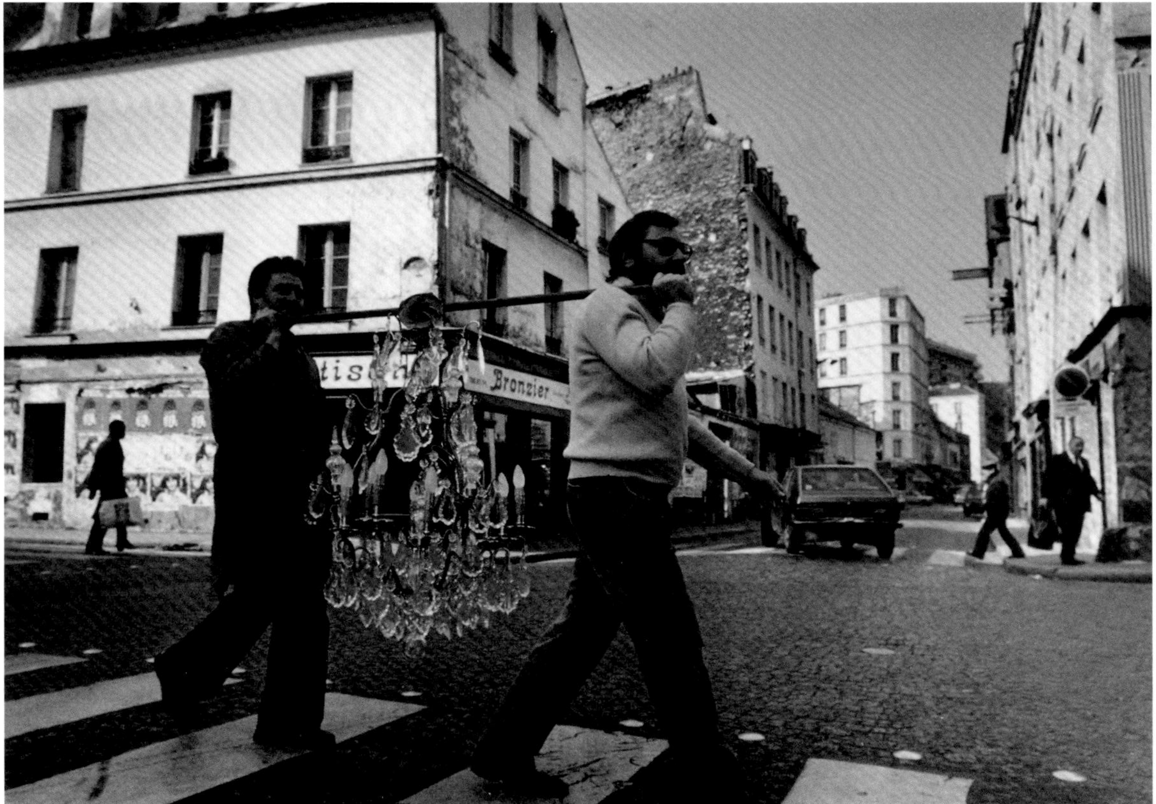
Bronzier

56. Boulevard de l'épouvante, 1972.

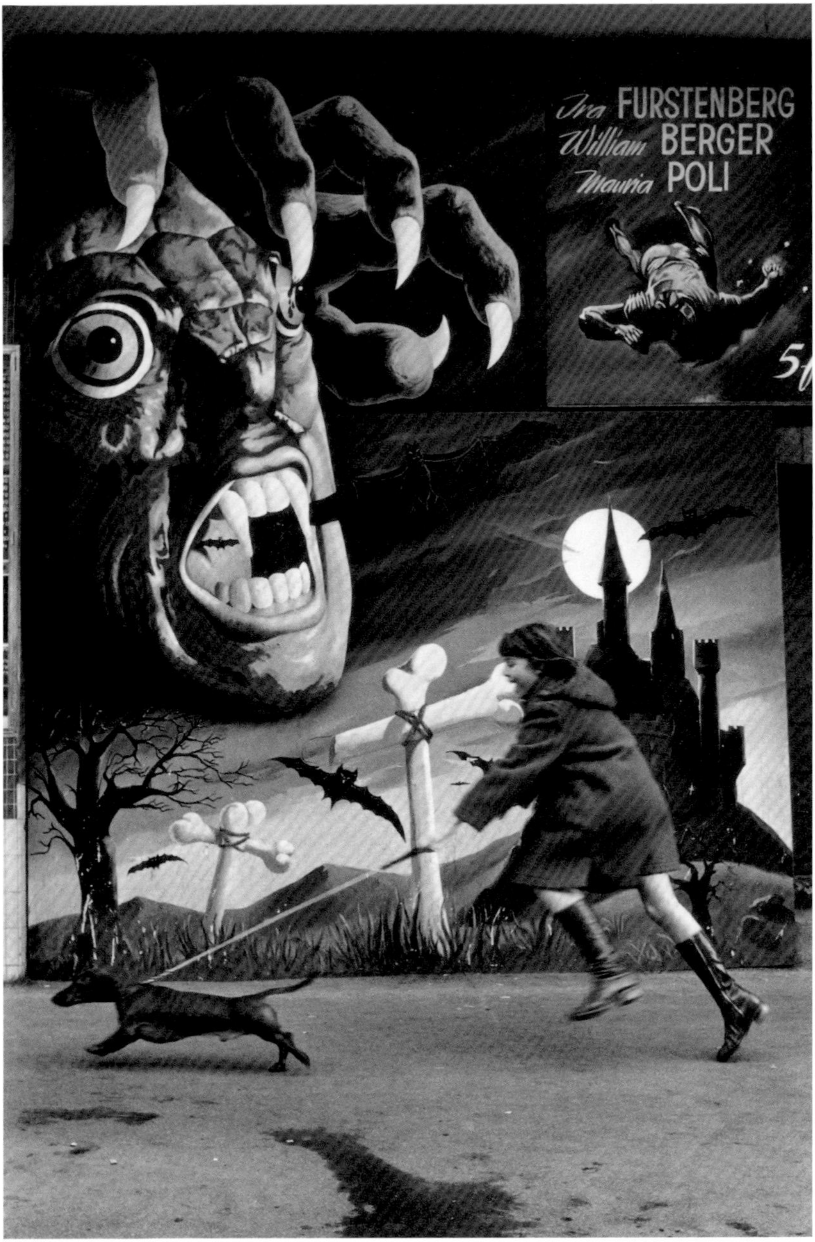
Ira FURSTENBERG
William BERGER
Mauria POLI

57. Fleur de pétrole. Place Denfert-Rochereau, 1965.

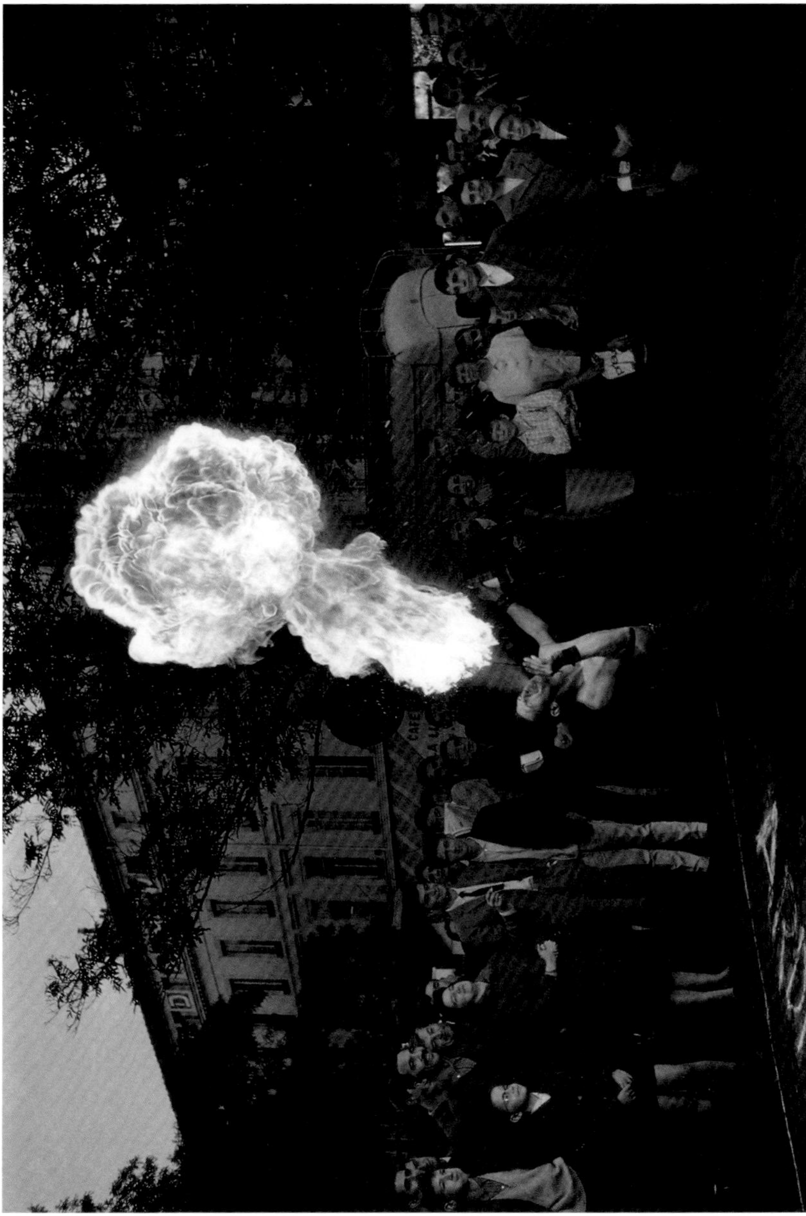

58. Trépidante Wanda. Fête foraine du boulevard St-Jacques, 1953

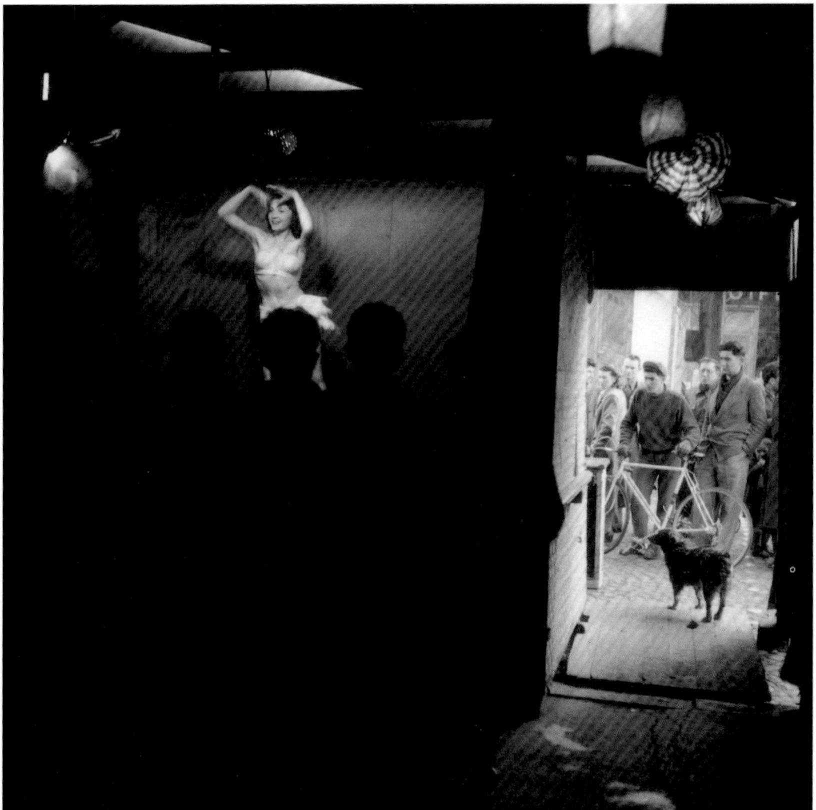

59. Place Denfert-Rochereau, 1971.

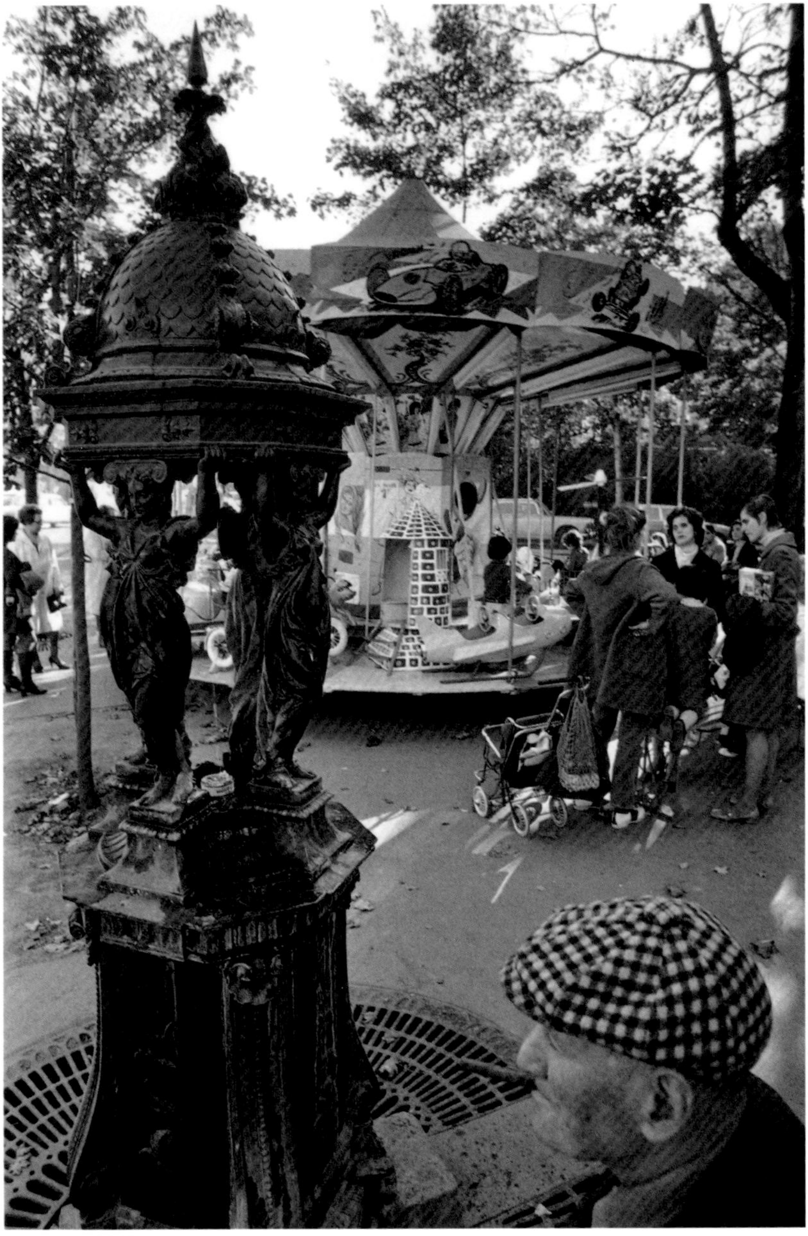

60. Bal du 14 Juillet, 1949.

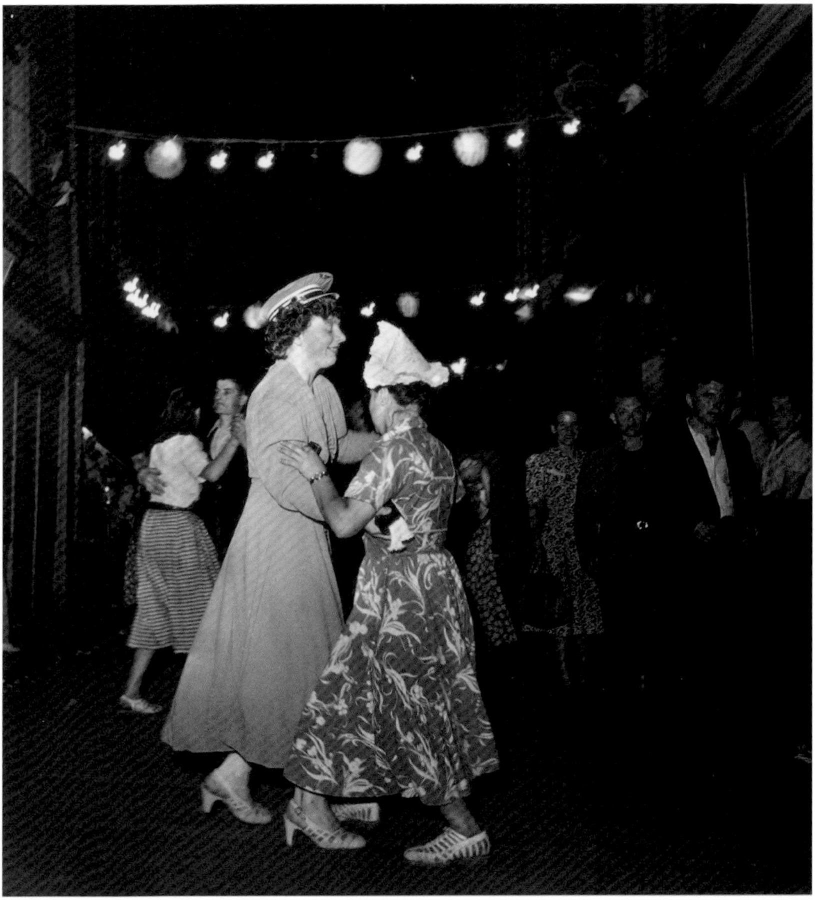

61. La rue des géants. Boulevard des Capucines, 1972.

62. Pages suivantes : Le baiser de l'Hôtel de Ville, 1950.

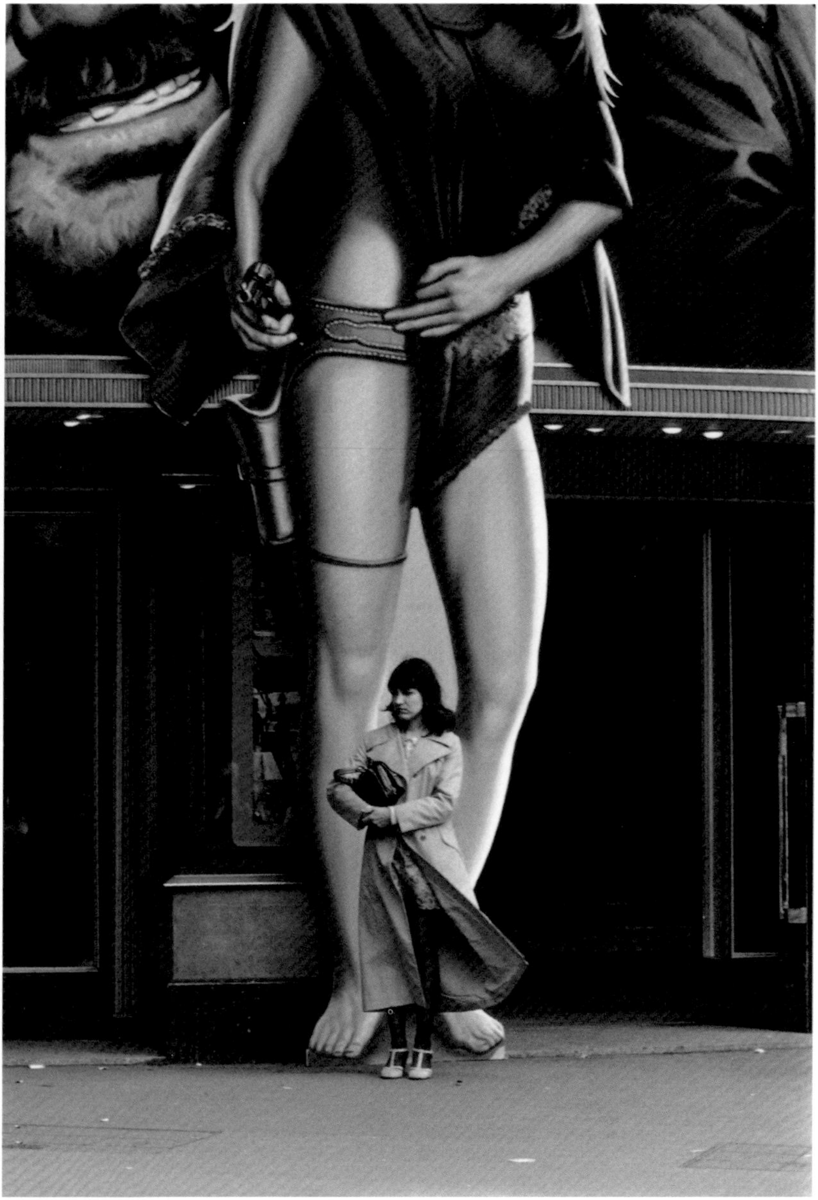

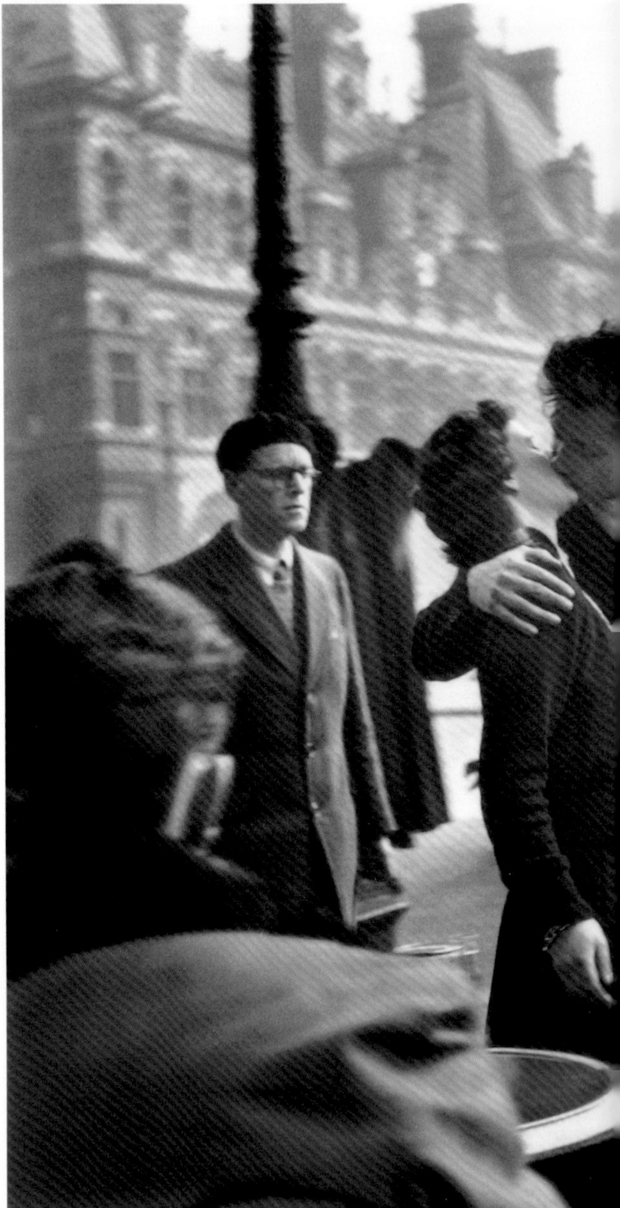

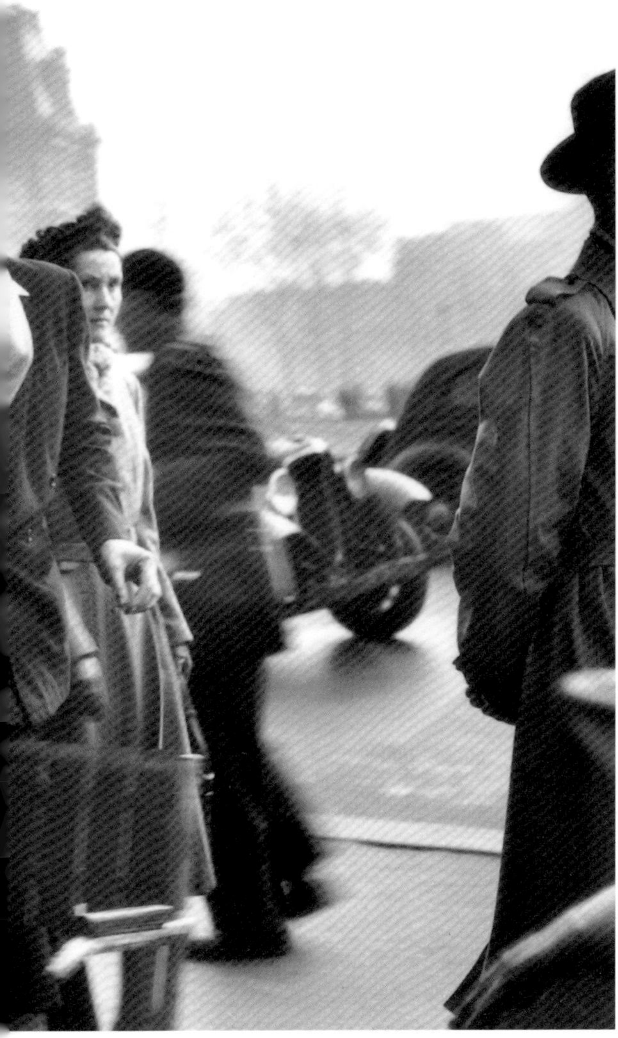

63. Les trois copains. Foire du Trône, 1953.

64. Pages suivantes : Accordéoniste, 1944.

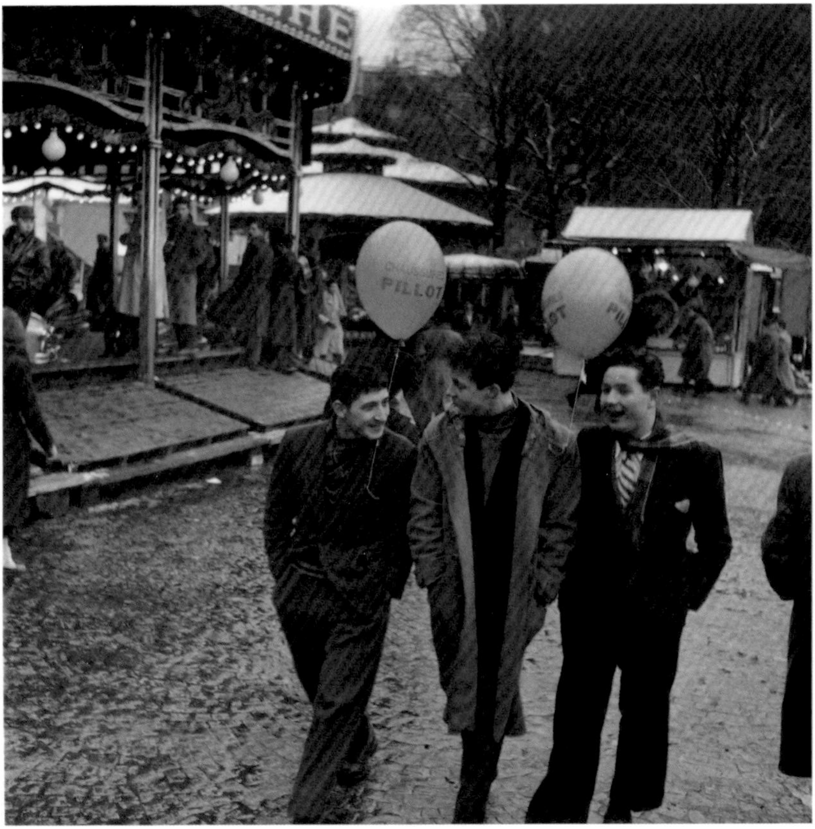
PILLOT

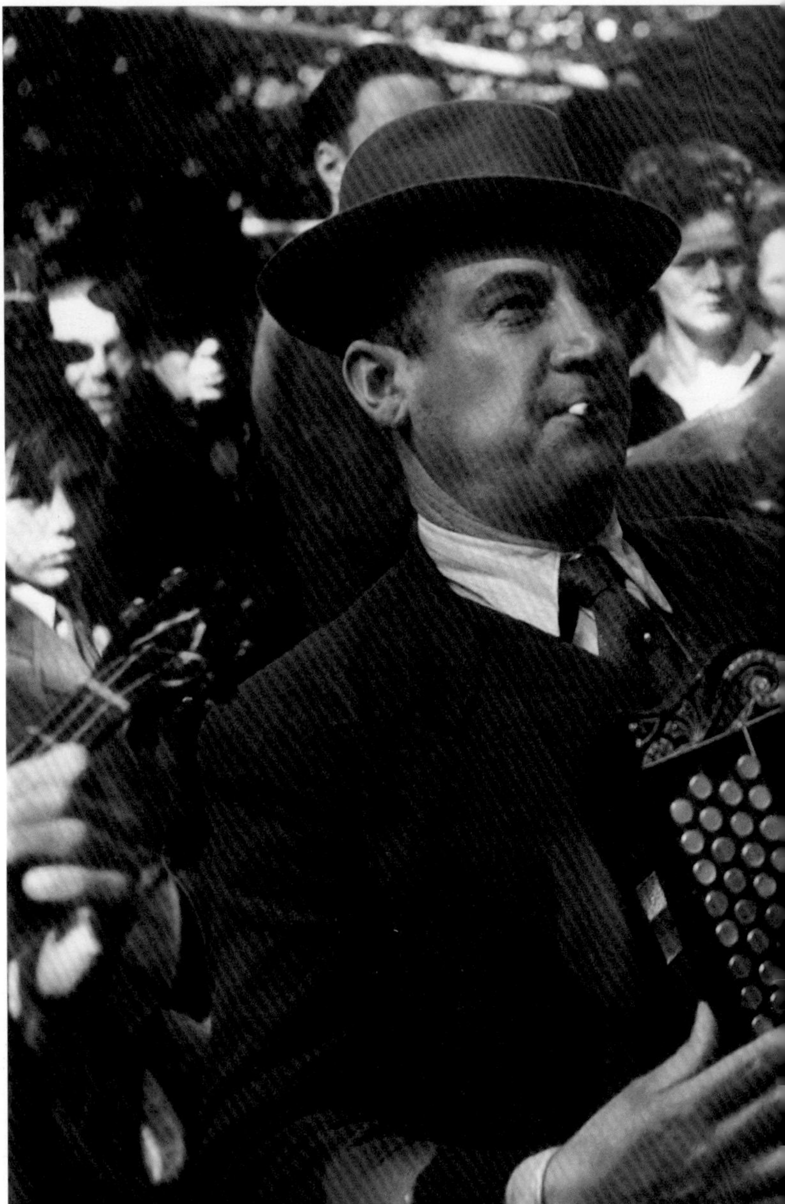

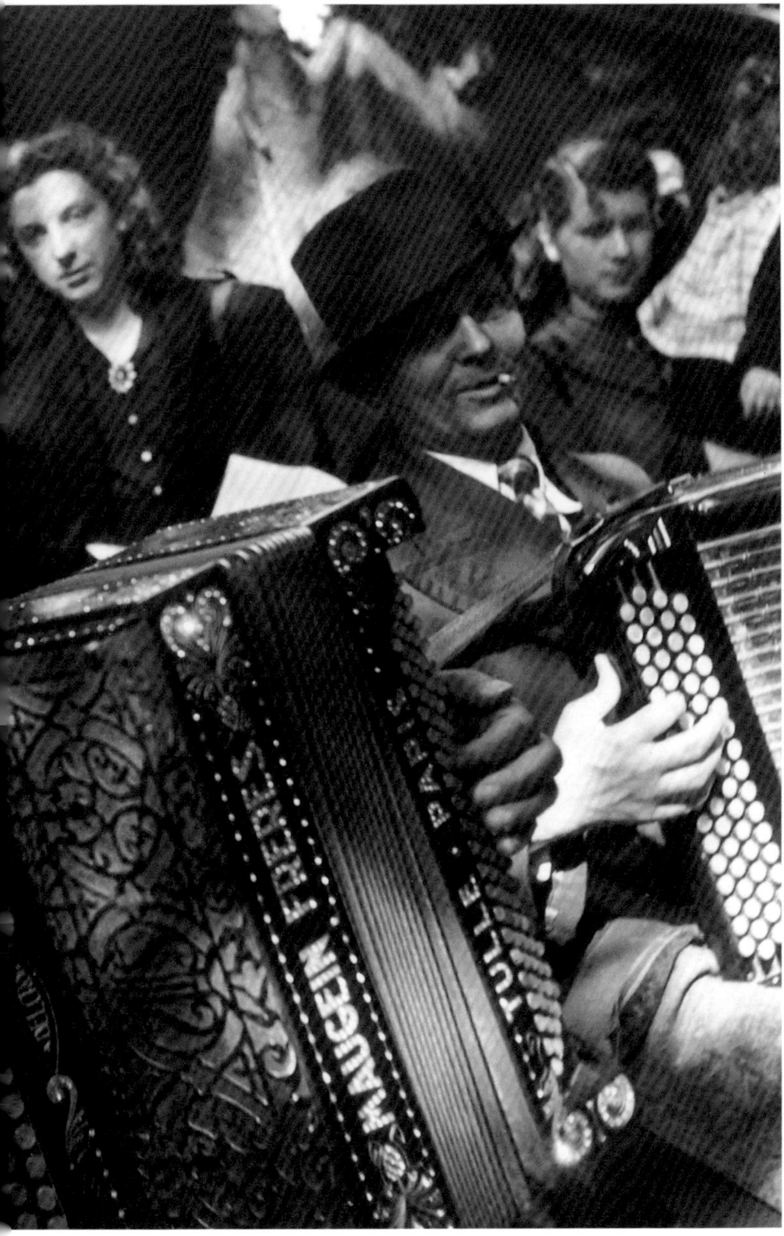
MAUGEIN FRERES
TULLE · PARIS

65. Ivresse. Foire du Trône, 1953.

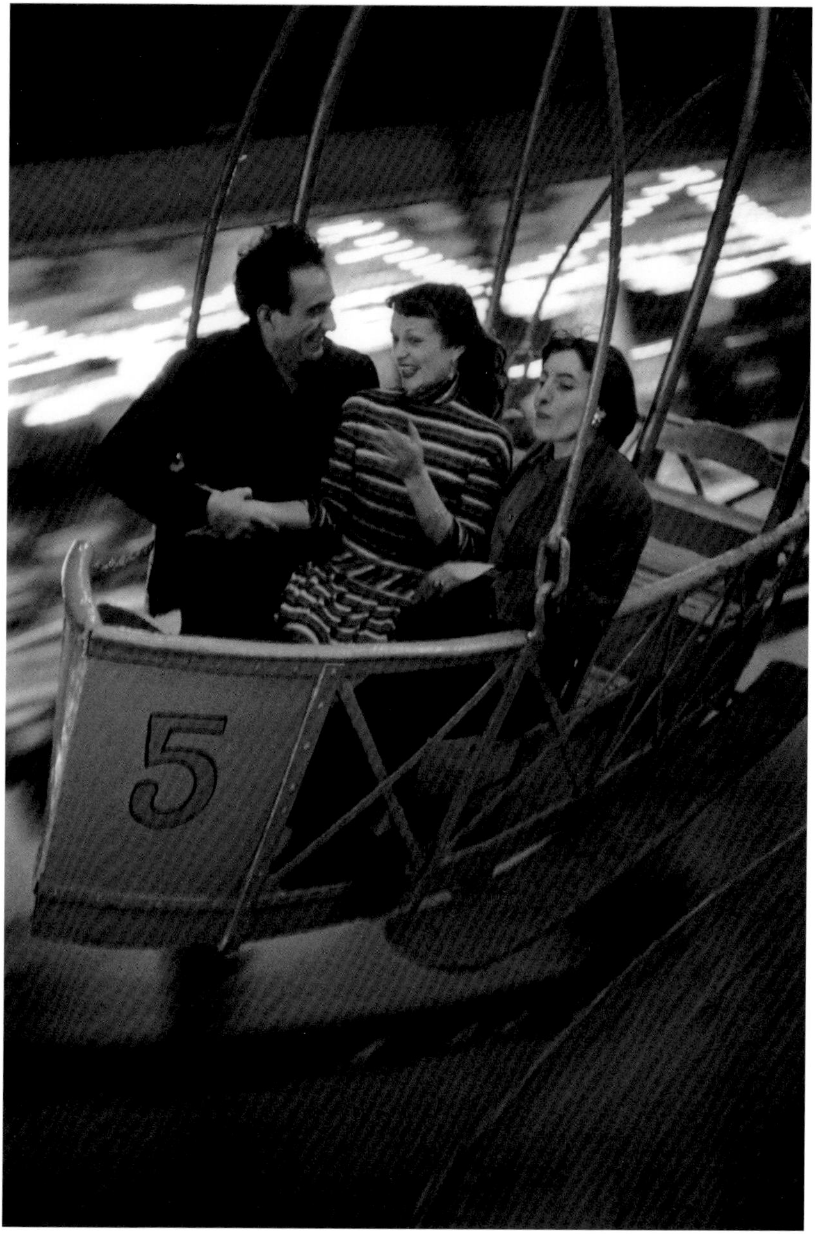
5

BIBLIOGRAPHIE SOMMAIRE

1949. *La Banlieue de Paris*, texte de Blaise Cendrars, Editions Seghers, Paris / La Guilde du Livre, Lausanne.

1954. *Les Parisiens tels qu'ils sont*, textes de Robert Giraud et Michel Ragon, Delpire Editeur, Paris.

1955. *Instantanés de Paris*, préface de Blaise Cendrars, présentation de Albert Plécy, Editions Arthaud, Paris.

1974. *Le Paris de Robert Doisneau et Max-Pol Fouchet*, texte de Max-Pol Fouchet, Les Editeurs français réunis, Paris.

1979. *Trois secondes d'éternité*, texte de Robert Doisneau, Contrejour, Paris.

1981. *Ballade pour violoncelle et chambre noire*, réalisé avec la complicité de Maurice Baquet, Herscher, Paris.

1983. *Robert Doisneau*, texte de Sylvain Roumette, collection Photo Poche, Centre National de la Photographie, Paris.

1986. *Un certain Robert Doisneau*, texte de Robert Doisneau, Le Chêne, Paris, avec le concours du Crédit Foncier de France, Paris.

1989. *Les Doigts pleins d'encre*, texte de François Cavanna, Editions Hoëbeke, Paris.
A l'imparfait de l'objectif : souvenirs et portraits, texte de Robert Doisneau, Editions Pierre Belfond, Paris.

1990. *Les Auvergnats*, textes rassemblés par Jacques Dubois, photographies de Robert Doisneau et Jacques Dubois, Nathan, Paris.

1991. *Les Grandes Vacances*, texte de Daniel Pennac, Editions Hoëbeke, Paris.

La Compagnie des zincs, texte de François Caradec, Editions Seghers, Paris.

1992. *Mes gens de plume*, textes choisis par Yvonne Dubois, Editions de la Martinière, Paris.
Rue Jacques Prévert, sans texte, Editions Hoëbeke, Paris.

1993. *La Vie de famille*, texte de Daniel Pennac, Editions Hoëbeke, Paris.

1994. *Doisneau 40/44*, texte de Pascal Ory, Editions Hoëbeke, Paris.

1995. *Robert Doisneau – La vie d'un photographe*, texte de Peter Hamilton, Editions Hoëbeke, Paris.

1996. *Robert Doisneau*, introduction de Brigitte Ollier, Hazan, Paris.

1999. *La Transhumance de Robert Doisneau*, texte de Robert Doisneau, collection *Archives privées*, Actes Sud, Arles.
Doisneau en Limousin, paroles de Sanfourche, Editions Culture et Patrimoine en Limousin, Limoges.

Le numéro 5 de la collection Photo Poche est consacré à Robert Doisneau.
Le livre contient une soixantaine de ses photographies, un index bio-bibliographique complet et une liste des principales expositions qui lui ont été consacrées.

CREDITS

Pour les photographies : Robert Doisneau-Rapho

Pour les textes :
Pages 5 à 9 : Reader's digest par l'intermédiaire d'Aimé Lemoine
Page 11 : Somogye

L'éditeur tient à remercier Mesdames Francine Deroudille et Annette Doisneau de leur amicale et précieuse collaboration.

PHOTO POCHE

1. Nadar
2. Henri Cartier-Bresson
3. Jacques-Henri Lartigue
4. Les Années Noires
5. Robert Doisneau
6. Camera Work
7. W. Eugene Smith
8. J. Nicéphore Niepce
9. L'Amérique au fil des jours
10. Robert Frank
11. Le Grand Œuvre
12. Duane Michals
13. Etienne-Jules Marey
14. Bruce Davidson
15. Josef Koudelka
16. Eugène Atget
17. André Kertész
18. L'Opéra de Paris
19. Mario Giacomelli
20. William Klein
21. Weegee
22. Autochromes
23. Alexandre Rodtchenko
24. Le Nu
25. Werner Bischof
26. Helmut Newton
27. Du bon usage de la photographie
28. Brassaï
29. Lee Friedlander
30. Le Temps des pionniers
31. Photomontages
32. Edouard Boubat
33. Man Ray
34. La photo britannique
35. Elliott Erwitt
36. Robert Capa
37. Marc Riboud
38. De la photo comme un des beaux arts
39. Etranges Etrangers
40. 41. 42. Histoire de voir : Coffret de 3 volumes
43. Edward S. Curtis
44. Josef Sudek
45. Walker Evans
46. Willy Ronis
47. Images d'un autre monde. Photographie scientifique
48. Norbert Ghisoland
49. Joel-Peter Witkin
50. Lewis Hine
51. Louis Faurer
52. Agustín V. Casasola
53. Don McCullin
54. Dieter Appelt
55. Sebastião Salgado
56. Edward Steichen
57. Felice Beato
58. L'Orientalisme
59. Izis
60. Bill Brandt
61. Berenice Abbott
62. Alain Fleischer
63. Seydou Keita
64. August Sander
65. Charles Marville
66. Umbo
67. Peter Beard
68. Eugene Richards
69. Magnum Photos
70. Dmitri Baltermants
71. Robert Demachy
72. Jacob Riis
73. Gilles Caron
74. Photogrammes
75. Lewis Carroll
76. Louis Stettner
77. László Moholy-Nagy
78. Sarah Moon
79. René Burri
80. La nature morte
81. Raymond Depardon
82. Albert Londe
83. L'homme transparent
84. Bruno Barbey
85. Claude Cahun
86. Araki
87. Ralph Eugene Meatyard
88. Frank Horvat
89. Renger Patzsch
90. Leonard Freed

PHOTO POCHE SOCIETE

S 1. **"mes Parisiens".** Photographies de Robert Doisneau
S 2. **"Cette Afrique-là".** Photographies de Roger Ballen
S 3. **"Extérieur nuit".** Photographies de Jane Evelyn Atwood
S 4. **"Serra Pelada".** Photographies de Sebastião Salgado
S 5. **"Etats d'enfances".** Photographies de Francesco Zizola
S 6. **"Carnet de visites".** Photographies de Hien Lam Duc
S 7. **"Place de la Réunion".** Photographies du collectif de Mulhouse
S 8. **"Les noires vallées du repentir".** Photographies de André Martin
S 9. **"Extrême Asie".** Photographies de Philip Blenkinsop

PHOTO POCHE HISTOIRE

H 1. **Che Guevara.** Photographies de René Burri, texte de François Maspero
H 2. **La Commune.** Paris, 1871, texte de Bernard Noël
H 3. **Mao.** Texte de Caroline Puel
H 4. **J. F. Kennedy.** Texte de Jean Lacouture
H 5. **Gandhi.** Texte de Catherine Clément

PHOTO NOTES

L'autre Chine. Photographies de Henri Cartier-Bresson
Chroniques siciliennes. Photographies de Letizia Battaglia et Franco Zecchin
Prague, 1968. Photographies de Josef Koudelka
New York Police. Photographies de Leonard Freed
Minamata. Photographies de W. Eugene Smith
Autoportrait. Photographies de Lee Friedlander
Réfugiés. Photographies de John Vink
Les damnés de Nanterre. Photographies de Jean-Louis Courtinat
Pauvres de nous. Images de l'exclusion